독자의 1초를
아껴주는 정성을
만나보세요!

세상이 아무리 바쁘게 돌아가더라도 책까지 아무렇게나 빨리 만들 수는 없습니다.
인스턴트 식품 같은 책보다 오래 익힌 술이나 장맛이 밴 책을 만들고 싶습니다.
땀 흘리며 일하는 당신을 위해 한 권 한 권 마음을 다해 만들겠습니다.
마지막 페이지에서 만날 새로운 당신을 위해 더 나은 길을 준비하겠습니다.

모두의 아두이노 환경 센서

Arduino Sensors for Everyone

초판 발행 · 2021년 2월 28일

지은이 · 로니킴
발행인 · 이종원
발행처 · (주)도서출판 길벗
출판사 등록일 · 1990년 12월 24일
주소 · 서울시 마포구 월드컵로 10길 56(서교동)
대표전화 · 02)332-0931 | **팩스** · 02)323-0586
홈페이지 · www.gilbut.co.kr | **이메일** · gilbut@gilbut.co.kr

기획 및 책임편집 · 이원휘(wh@gilbut.co.kr) | **디자인** · 여동일 | **제작** · 이준호, 손일순, 이진혁
영업마케팅 · 임태호, 차명환, 박성용, 지운집 | **영업관리** · 김명자 | **독자지원** · 송혜란, 윤정아

교정교열 · 이미연 | **전산편집** · 박진희 | **출력 및 인쇄** · 금강인쇄 | **제본** · 금강제본

ISBN 979-11-6521-485-2 93000 (길벗 도서번호 080261)

정가 22,000원

독자의 1초를 아껴주는 정성 길벗출판사

길벗 | IT실용서, IT/일반 수험서, IT전문서, 경제실용서, 취미실용서, 건강실용서, 자녀교육서
더퀘스트 | 인문교양서, 비즈니스서
길벗이지톡 | 어학단행본, 어학수험서
길벗스쿨 | 국어학습서, 수학학습서, 유아학습서, 어학학습서, 어린이교양서, 교과서

페이스북 • www.facebook.com/gbitbook

ARDUINO

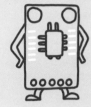

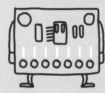

내 몸을 살리는 아두이노,
환경 오염 측정 센서 18가지!

모두의
아두이노
환경 센서

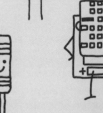

로니킴 지음

길벗

이 책은 당신과 당신 가족의 숨 쉴 권리, 건강을 지킬 권리를 찾는 데 도움을 주고자 기획하였다

숨을 참고 살 수 없듯이 공기는 우리가 살아가는 데 밀접한 연관이 있다. 갈수록 나빠지는 미세먼지 수치와 높아지는 대기 오염 농도는 사회적으로 심각한 피해를 발생시키고 있다. 대기 상태가 좋지 못해 대기 오염이 발생하면 공기는 우리에게 생명을 주는 존재에서 우리의 생명을 위협하는 무서운 존재로 바뀌게 된다. 대기 오염은 기후 변화와 함께 인류가 해결해야 할 시급한 문제로 다가왔다. 대기 오염 물질은 대기, 물, 토양 등을 오염시켜 생태계를 변화시키고 더 나아가서는 사람이 살아가는 생활 환경을 위협하여 많은 문제를 발생시킨다.

또한, 현대인은 하루 일과의 90% 이상을 실내에서 생활한다. 2021년 트렌드 키워드 중 하나로 '여러 기능의 옷을 입은 집'을 뜻하는 '레이어드 홈(Omni-layered Homes)'이 발표될 정도로 집콕이 다양하게 진화하고 있다. 코로나 때문에 비대면 생활이 활성화되고 집이나 실내에 머무는 시간이 더욱더 길어졌다. 집에 머무는 시간이 길어진다는 것은 그만큼 집에서 소화해야 할 활동이 많아진다는 것을 의미한다. 예를 들어 리모컨을 활용해 쉽게 홈 트레이닝을 즐길 수 있고, 회사에 갈 필요 없이 재택근무할 수도 있다. 집은 교실로 변하거나 때때로 영화관으로 변신하기도 한다. 이렇게 실내에서 많은 활동을 하면서 정작 실내 환경에 대해서는 크게 의식하지 않고 생활하고 있다. 실내 환경이 건강에 미치는 영향이 매우 큰 데도 말이다.

가정에서뿐만 아니라 각종 산업 분야에서도 에너지 절감 및 효율을 높이기 위하여 실내 공간은 더욱 밀폐되고, 복합 화학물질로 구성된 건축자재의 사용이 증가함에 따라 새집증후군, 빌딩증후군, 실내 환경 오염 같은 각종 실내 환경 문제가 제기되고 있다.

야외 활동을 할 때도 일 년 내내 미세먼지와 황사, 스모그 등의 소식이 들려온다. 이제는 너무나 당연한 일상이 되어 버린 고질적인 대기 오염 문제다. 도시 지역에서는 오염의 정도가 상대적으로 심해 미세먼지가 더욱 주목을 받는다. 결국 우리는 이제 숨 쉴 자유가 사라진 것이다.

우리는 맑은 공기를 마시고 싶다. 현재 침묵의 살인자, 대기 오염으로부터 항상 위협받으며 살고 있지만 우리는 깨끗한 공기로 호흡할 권리가 있다. 누구에게나 당연히 주어져야 할 이 권리를 제대로 누리기 위해, 맑은 공기를 마실 권리를 찾고 건강을 지키기 위해 노력해야 한다.

4차 산업혁명은 센서의 시대다

4차 산업혁명 시대의 기초 자원은 빅데이터다. 빅데이터를 기반으로 인공지능(AI, 딥러닝, 머신러닝 등)이 학습하고, 학습된 결과에 따라 다양한 분야에서 똑똑하게 활용되고 있다. 빅데이터 시대가 도래한 원인에는 인터넷 환경에서의 데이터 범람도 있지만, 각종 센서가 스마트폰을 비롯해 개인과 공장, 건물, 공공기관에 이용되면서 실시간으로 엄청난 양의 데이터를 쏟아내기 때문이기도 하다.

정부는 그린 뉴딜과 디지털 뉴딜을 진행하면서 미래를 준비하고 있다. 5G를 넘어 6G 네트워크가 다가오고 있고, 더 빠른 Wi-Fi 6E(일명 802.11ax), 블루투스, UWB(초광대역, Ultra-Wideband) 통신속도의 향상으로 더욱더 빠르게 데이터를 수집하고 분석할 수 있게 되었다. 고속 통신 환경에서 M2M(Machine to Machine), IoT(Internet of Things), IoE(Internet of Everything) 세상이 도래하고, 이를 실현하기 위해 방대한 센서가 필요하게 되었다.

센서의 활용은 광범위한 삶의 영역에서 앞으로도 기하급수적으로 증가하고, 특히 센서가 인간의 오감을 빠르게 대체해 나갈수록 센서 의존도는 더욱 많이 증가할 것이다. 센서는 작으면서 가볍고 유연하며 내구성과 함께 부담 없이 사용할 수 있어야 하고 낮은 전력 소모와 저렴한 가격 등을 충족해야만 한다. 사물인터넷 기술의 본격적인 적용에 따라 초연결사회(Hyper Connected Society)가 다가오고 가까운 미래에 전 세계적으로 약 1,000억 개의 사물이 인터넷으로 연결되어 소통될 것으로 예측되고 있다. 이른 시일 안에 1조 개의 센서가 도처에 설치되어 트릴리온(trillion) 센서의 시대가 되고 세계 센서 시장이 220조 원 이상에 이를 것으로 예측되고 있다. 사물인터넷이 우리 일상에 적용되기 시작하면서 스마트한 도구들이 끊임없이 개발되어 우리의 삶을 편리하게 하고 있다. 그리고 이는 정확하고 신속하게 각종 센서 데이터를 측정할 수 있는 센서 개발과 이용에서부터 시작된다.

당신이 이 책을 통해 다양한 환경 센서를 활용하고, 상상하고, 그 이상을 창조할 수 있을 것으로 기대한다

오늘날 우리는 다양한 대기 오염에 노출되어 있으며, 실내외에서 공기에 영향을 받으면서 살아가고 있다. 생활 속에서 늘 함께하는 날씨(공기질 상태, 온도, 습도, 기압, 풍속 등)가 환경 센서의 빅데이터와 만나면 날씨 정보 그 이상의 새로운 가치를 만들 수 있다.

센서는 4차 산업의 씨앗과 같다. 센서를 이용해 다양한 대기 오염의 빅데이터를 이해하고, 활용 분야를 넓힌다면 새로운 신사업을 발굴할 수도 있다. 예를 들어 날씨와 대기 오염 물질 정보를 기반으로 월별 아토피 피부염 환자 수를 예측하고, 이를 비즈니스 모델과 연관하여 새로운 시장을 개척할 수 있다. 당신의 상상력은 당신의 상상 이상이다.

이 책은 아두이노와 공기질 측정 센서를 사용해 우리 주변 환경의 상태를 측정한다. 아두이노로 18개의 환경 센서를 혼자 다루면서 배울 수 있다. 2장 미세먼지 센서, 3장 실내 대기 측정 센서, 4장 실외 대기 측정 센서, 5장 대기 환경 측정 센서를 제어하고 공기질 상태를 직관적으로 좋음, 보통, 나쁨, 매우 나쁨의 4단계로 확인한다. 또한 6장에서는 4개의 프로젝트를 통해 대기 환경을 측정할 수 있다. 간단한 미세먼지 & 온습도 측정기를 직접 만들어 설치할 수 있는 아이디어를 제공한다. 프로젝트를 통해 LCD, OLED로 화면에 표시하고, 여러 통신 방법(블루투스, Wi-Fi, RF 통신)을 이용해 홈 IoT 환경을 만들어 우리의 건강을 지키는 데 사용할 수 있다.

로니킴

이 책은 총 6장으로 구성되었으며, 다루는 내용은 다음과 같다.

예제 소스
내려받기

이 책에 나오는 예제 소스는 길벗출판사 웹사이트와 깃허브에서 내려받을 수 있습니다.

- 길벗출판사 웹사이트: https://www.gilbut.co.kr
- 길벗출판사 깃허브: https://github.com/gilbutITbook/080261
- 저자 깃허브: https://github.com/steamedu123/arduinosensor

다운로드 방법

❶ 길벗출판사 홈페이지에 접속하여 검색 창에 도서명을 검색하여 예제 파일을 받습니다.

❷ 내 PC > 다운로드 폴더에 내려받은 파일의 압축을 풀고 장별 파일을 확인합니다.

커뮤니티
활용 방법

책에서 다루지 못한 내용, 추가 프로젝트, 동영상 등을 네이버 카페에서 설명할 예정입니다.
(네이버 카페와 카카오 채널&챗봇은 저자가 직접 운영합니다.)

- 네이버 카페: https://cafe.naver.com/arduinosensor

그림 1 네이버 카페

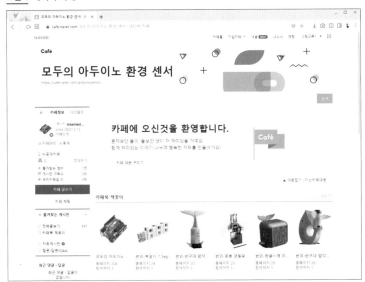

• 카카오 채널: http://pf.kakao.com/_GxoBxiK

• 카카오 챗봇: http://pf.kakao.com/_GxoBxiK/chat

채널 및 챗봇을 추가하는 방법은 두 가지입니다.

❶ 위 URL로 접속 > 채널 추가

❷ 카카오톡 검색창 클릭 > QR 코드 스캔 > 채널 추가

그림 2 카카오톡 채널과 채팅

 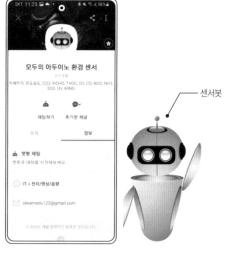

센서봇

그림 3 센서 알려줘

- 센서
- 센서 종류
- 센서 보여줘
- 센서 뭐 있어?
- 무슨 센서 있어?
- 센서 종류 알려줘

그림 4 미세먼지 센서 알려줘

- 미세먼지
- 미세먼지 종류
- 미세먼지 센서
- 미세먼지 센서 종류
- 미세먼지 센서 뭐야
- 미세먼지 센서 보여줘
- 미세먼지 센서 알려줘
- 어떤 미세먼지 센서가 있어?

그림 5 PMS7003 알려줘

- C202
- C202 센서
- C202 뭐야?
- C202 센서 알려줘
- C202 구입
- C202 어디서 구입할 수 있어?
- C202 어디서 구입이 가능해?

이 책을 통해 아두이노와 센서를 사용해 볼 수 있었습니다. 센서 사용 방법이 자세하게 소개되어 있으며, 저자분이 공개한 라이브러리를 활용하면 손쉽게 측정 환경을 구현할 수 있습니다. 또한, 6장에 Wi-Fi, 블루투스 등을 활용하여 스마트폰으로 원격에서 모니터링하는 방법이 나와 있는데 매우 흥미로웠습니다. 시중에서 보지 못했던 독특한 콘셉트의 이 책을 통해 그동안 무심코 지나쳐 온 주변 생활 환경에 대해 돌아보게 되었습니다. 흔히 생각할 수 있는 온습도나 미세먼지뿐만 아니라 이산화탄소, 방사선, 아황산가스, 오존, 이산화질소 등 다양한 물질을 측정해 보면서 환경에 대해 더욱 관심을 가지게 되었습니다.

• **실습 환경**: Windows 10, 아두이노 IDE 1.8, 아두이노 우노, 아두이노 나노

신지후 / 프리랜서

예전에 아두이노를 한번 다뤄 보았습니다. 아두이노에 브레드보드를 연결하고 다시 여러 가지 부품을 꽂아서 값도 측정해 보고, 측정한 값에 따라 불도 켜고, 모터도 돌려 보았거든요. 아두이노를 잘 몰라도 무언가 돌아가고 불이 들어오고 하니 신기했습니다. 그때는 그저 '신기했다'에서 그쳤는데, 이번에 이 책을 보면서는 '아두이노와 코딩이 내 생활에 도움이 되는구나!'를 느꼈습니다. 실습하면서 방에 이산화탄소 농도가 높은 걸 알게 되어 환기한 것처럼요.

실습은 어렵지 않았습니다. 코드가 라이브러리로 다 준비되어 있고, 내려받아서 정확한 경로에 넣으면(경로가 중요합니다. 아니면 오류 나요) 센서를 작동시킬 수 있습니다. 이 책은 작은 센서가 동작하는 원리, 센서를 제대로 사용하는 방법, 센서의 데이터시트 등을 들여다보는 계기도 되었습니다. 보통 이 작은 부품의 동작 원리 등은 한번도 궁금해하지 않았는데 들여다보니 꽤 흥미로웠습니다.

평소 몰랐던 부분을 알게 된 특별한 경험이었고, 아두이노로 프로젝트를 할 때 참고하면 많은 걸 배울 수 있는 책이라 추천하고 싶습니다.

• **실습 환경**: Windows 10, 아두이노 IDE 1.8, 아두이노 우노, 아두이노 나노

Lee / 프리랜서

목차

1장 센서와 아두이노 시작하기 19

2장 미세먼지 측정 센서 35

5장   대기 환경 측정 센서   207

6장 프로젝트 미세먼지 & 온습도 측정기 253

1장

센서와 아두이노 시작하기

시작이 반이다. 새로운 지식을
배우고 익힌다는 것은 언제나 즐거운 일이다.
1장은 준비 운동과 같은 정보를 제공한다.
센서를 사용하고 프로젝트에 몰입하기 위한
기본 정보이나 언제든지 필요할 때 다시 돌아와 본다고
생각하고 가벼운 마음으로 1장을 펼쳐 이 책을 시작하자.
이후 환경 센서 및 프로젝트장은 순서에 상관없이
원하는 센서를 살펴보면 된다.

101 이 책에서 다루는 센서

ARDUINO SENSORS FOR EVERYONE

1 공기질 측정 센서

이 책에서 다룰 센서는 다음과 같다. 인체에 영향을 주는 대기 오염 물질과 그와 관련된 대기 상태를 측정할 수 있는 센서다.

그림 1-1 공기질 측정 센서

202
미세먼지 센서
PMS7003

203
미세먼지 센서
GP2Y1010AU0F

204
미세먼지 센서
PPD42NS

205
미세먼지 센서
SDS011

301
온습도 센서
DHT22

302
이산화탄소 센서
MH-Z19B

303
포름알데히드 센서
ZE08-CH2O

304
휘발성 유기화합물 TVOC
CCS811

305
방사선 감마 센서
GDK101

401
오존 센서
MQ-131

402
일산화탄소 센서
MQ-7

403
이산화질소 센서
MiCS-4514

404
암모니아 센서
MiCS-6814

405
아황산가스 센서
DGS-SO2

501
기압 센서
BME280

502
자외선 센서
GUVA-S12SD

503
기류 센서
MD0550

504
풍속 센서
QS-FS01

2 센서의 성능을 결정하는 특성

센서의 성능을 결정하는 대표적인 특성은 측정 범위, 감도, 해상도, 보정, 스팬이다. 센서의 측정 범위는 측정하려는 오염 물질이 무엇이냐에 따라 측정 범위가 달라진다. 예를 들어 이산화탄소는 넓은 측정 범위(0~5000ppm)가 요구되지만, 오존은 저농도의 정밀한 범위 (0.01~1ppm)가 요구된다. 이러한 특성에 따라 센서의 성능에 영향을 준다.

표 1-1 센서의 성능을 결정하는 특성

특성	설명	성능 기준
측정 범위(Range)	센서의 측정 범위	측정하려는 오염 물질이 무엇이냐에 따라 측정 범위가 달라진다. 범위가 넓거나 좁을 수 있고, 범위가 좁더라도 정밀할 수 있다.
감도(Sensitivity)	센서 입력 신호의 변화에 따라 출력 신호가 얼마나 변화하는지를 보여주는 지표	높을수록 좋다.
해상도 (Resolution, 분해능)	센서가 측정할 수 있는 가장 작은 입력의 변화량으로, 센서의 성능을 결정하는 중요한 지표	낮을수록 좋다.
보정(Calibration)	센서가 검출할 수 있는 최소한의 입력 신호	정밀하고 정확할수록 센서의 신뢰성이 높아진다.
스팬(Span)	센서 입력 동작 범위(Operating Range)로 의미 있는 센서의 출력을 발생시키는 최대 입력과 최소 입력 사이의 범위	Full Scale(FS, FSO)로 사용한다.

이외에 센서의 성능에 영향을 주는 것으로는 정확도/측정 오차(Accuracy), 정밀도(Precision), 반복 정밀도(Repeatability), 재현성(Reproducibility), 선택성(Selectivity), 응답 시간 (Response Time), 예열 시간(Preheat Time), 작동 온도(Working Temperature), 작동 습도 (Working Humidity), 히스테리시스(Hysteresis), 주파수 특성(Frequency Characteristic) 등이 있다.

3 출력 단위

센서의 측정값을 읽을 때 출력 단위를 반드시 확인해야 한다. 같은 종류의 센서라도 제조사에 따라 출력 단위가 다를 수 있다.

센서의 출력 단위는 미세먼지의 경우 $\mu g/m^3$(마이크로그램 퍼 세제곱미터)로 표시한다. 이산화탄소, 포름알데히드, 일산화탄소, 오존, 이산화질소, 암모니아, 아황산가스는 ppm으로 표시한다. TVOC는 ppm, ppb, mg/m^3, $\mu g/m^3$ 중 하나로 표시한다.

표 1-2 출력 단위

단위	설명
ppm	• parts per million(백만분의 1, 백만분율, $1/10^6$) • 환경 오염도를 표시할 때 쓰는 일반적인 단위로 100만분의 1을 나타낸다. • $mg/m^3 \rightarrow$ ppm 변환 공식: ppm = $24.45 \times mg/m^3$/Mol Weight(몰질량) ※ 24.45는 1기압 25℃에서 부피를 의미한다.
ppb	• parts per billion(10억분의 1, 10억분율, $1/10^9$) • 1000ppb = 1ppm과 같다. • $\mu g/m^3 \rightarrow$ ppb 변환 공식: ppb = $24.45 \times \mu g/m^3$/Mol Weight
mg/m^3	• milligrams per cubic meter(밀리그램 퍼 세제곱미터(입방미터)) • 세제곱미터 안에 몇 mg이 있는지를 의미한다.
$\mu g/m^3$	• microgram per cubic meter(마이크로그램 퍼 세제곱미터) • 공기 중 오염 물질의 농도를 나타낼 때 사용하는 단위로 공기 부피 $1m^3$ 안에 들어있는 오염 물질의 양(무게)을 의미한다. • $1mg/m^3 = 1000\mu g/m^3$

4 인터페이스 방식

센서는 다양한 방식으로 값을 출력한다. UART, PWM, DAC, I2C 방식의 인터페이스를 제공하므로 사용하는 프로젝트의 목적에 따라 인터페이스를 결정하면 된다.

참고로 I2C 방식은 아두이노의 SCL, SDA 핀을 이용한다. 연결이 간단하며 1:N 통신도 쉽게 구현할 수 있지만 통신 속도가 약간 느리다. 이 책에서는 C304, C404, C501에서 사용한다.

표 1-3 인터페이스 방식

UART	PWM	DAC
Universal Asynchronous Receiver/Transmitter	Pulse Width Modulation (펄스 폭 변조)	Digital to Analog Converter
시리얼 통신(Serial communication)을 의미하며, 비동기 1:1 통신 연결 방식을 사용한다.	펄스의 폭을 컨트롤하는 주기 제어 방법으로 0~5V 사이의 아날로그 값을 모사할 수도 있으며, 제어 및 통신에서도 많이 사용된다.	디지털 신호를 아날로그 신호로 변환한다. PWM에 비해 실제 전압을 변경하여 출력하며, 정밀한 값을 얻을 수 있다.

이 책에 사용한 각 센서의 전체 인터페이스는 다음과 같다.

표 1-4 인터페이스 및 출력 단위

챕터	센서	공기	인터페이스	출력 단위
202	PMS7003	PM	UART	$\mu m/m^3$
203	GP2Y1010AU0F	PM	Analog	V, $\mu m/m^3$
204	PPD42NS	PM	Digital	$\mu m/m^3$
205	SDS011	PM	UART, PWM	$\mu m/m^3$
301	DHT22	T/RH	Analog	℃/%
302	MH-Z19B	CO_2	UART, PWM, DAC	ppm
303	ZE08-CH20	HCHO	UART, PWM, DAC	ppm
304	CCS811	TVOC	I2C	ppb
305	GDK101	Gamma	UART, I2C	$\mu Sv/h$
401	MQ-131	O_3	Analog	ppm
402	MQ-7	CO	Analog	ppm
403	MiCS-4514	NO_2	Analog	ppm
404	MiCS-6814	NH_3	I2C	ppm

챕터	센서	공기	인터페이스	출력 단위
405	DGS–SO2	SO_2	UART, USB	ppm
501	BME280	atm	I2C	hPa
502	GUVA–S12SD	UV	Analog	V(Index)
503	MD0550	Air Flow	Analog	m/s
504	QS–FS01	Wind	Analog	m/s

5 주의 사항

센서의 작동 조건을 최적으로 유지하고, 값을 잘못 측정하지 않으려면 다음 사항에 주의해야 한다.

표 1–5 주의 사항

구분	설명
운용 및 취급	• 먼지가 많은 환경에서 오랫동안 센서를 사용하지 말아야 한다. • 센서의 입력 전압이 규정된 값보다 높아서는 안 된다. 센서의 감도 특성이 크게 변경되기 때문이다. • 센서에 전기를 공급하거나 공급하지 않더라도 다습, 고온, 공해 등과 같은 유해한 환경에 장시간 노출되면 센서 성능에 나쁜 영향을 미친다.
화학물질	• 센서를 고농도 유기 가스에 장시간 노출시키면 안 된다. • 고농도의 황화수소, 수소, 메탄올, 에탄올 등을 멀리해야 한다.
온습도	• 센서는 대부분 열에 민감하며, 외부의 열이 센서의 측정값에 영향을 줄 수 있다. 따라서 센서에 직접적으로 영향을 주는 열이 있는 장소, 직사광선이나 기타 열 방출이 있는 장소는 피해야 한다. • 센서 표면에 얼음이 부착되는 착빙을 피해야 한다. 센서의 감도가 떨어지기 때문이다. • 습기가 많은 실내 환경은 센서 성능에 영향을 줄 수 있다. • 급격한 온도 변화가 있는 장소 역시 주의해야 한다.
압력 및 충격	• 과도한 충격이나 진동은 피해야 한다.
통풍	• 풍속 센서를 제외한 대부분의 센서는 바람이 심한 곳에서 사용할 경우 매우 세심한 주의가 필요하다. • 좁은 공간에 설치하는 경우에는 통풍이 잘 되어야 한다.
기타	• 사람의 안전과 관련된 시스템에 센서를 사용할 때는 주의해야 한다. 이 책에서는 고가의 정밀 센서가 아닌 일반적으로 사용되는 간이측정기 정도의 성능을 가진 센서를 설명한다. 따라서 센서의 성능을 맹목적으로 믿고 안전에 직접적으로 관련된 장소에 센서를 설치하면 안 된다. 센서의 출력값에 따라 좋고, 나쁜 정도의 지표로 활용하기를 권장한다.

아두이노 준비하기

ARDUINO SENSORS FOR EVERYONE

1 아두이노란?

아두이노란 마이크로컨트롤러(Microcontroller) 보드를 기반으로 만들어진 개발 보드다. 마이크로컨트롤러 혹은 MCU라고 불리며, 중앙처리장치(CPU)와 주변 장치를 하나의 칩으로 집약시켜 제어할 수 있도록 특화된 칩으로 이루어진 소형 컴퓨터다.

센서, 단순 로봇, 온도계, 습도계, 조명, 동작 감지기, 음악 및 사운드 장치, 모터, 스마트홈, 유아 장난감 및 로봇 교육 프로그램 등의 다양한 제어 장치를 쉽고 간단하게 개발할 수 있는 환경을 갖추고 있다.

아두이노는 사용법이 쉽고 오픈 소스로 이루어져 있으며 가격도 저렴하여 누구나 손쉽게 구입하고 사용할 수 있다.

그림 1-2 아두이노를 이용한 센서 제어 활용

2   아두이노 보드 종류

아두이노 보드는 우노(UNO), 나노, 메가 2560, 마이크로, 미니 등 다양한 종류가 있다. 프로젝트 목적에 맞게 사양을 판단해서 보드를 선택하면 된다. 일반적으로 교육용이나 간단한 프로젝트에는 우노, 나노 보드를 사용하며, 더 고사양이 필요할 경우 메가 2560을 사용한다. 이 책에서는 주로 아두이노 우노 보드를 사용한다.

그림 1-3 대표적인 아두이노 보드

아두이노 우노 R3   아두이노 나노   아두이노 메가 2560

3   아두이노 IDE

아두이노 IDE 다운로드

아두이노 보드를 사용하려면 아두이노 IDE 프로그램이 필요하다. 아두이노 IDE는 편집기, 컴파일러, 업로더 등이 합쳐진 통합 개발 환경(Integrated Development Environment)으로 '아두이노 소프트웨어'라고도 한다. 또한 개발에 필요한 각종 옵션 및 라이브러리도 관리할 수 있다.

아두이노 IDE는 http://arduino.cc에서 내려받을 수 있다.

그림 1-4 아두이노 IDE 다운로드

그림 1-4 아두이노 IDE 다운로드

아두이노 IDE 설치

내려받은 아두이노 IDE 파일을 실행하면 설치 화면이 표시되며, 순서에 따라 설치를 진행한다.

그림 1-5 아두이노 IDE 설치 화면

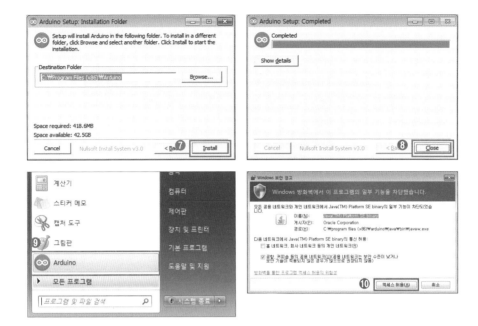

아두이노 IDE 실행

설치를 완료한 후 아두이노 IDE 아이콘을 실행하면 setup( ), loop( ) 함수가 포함된 아두이노 IDE 화면을 볼 수 있다.

그림 1-6 아두이노 IDE 실행 화면

103 아두이노 라이브러리

ARDUINO SENSORS FOR EVERYONE

아두이노에 연결되는 센서는 제조사에서 제공하는 라이브러리를 활용해 제어할 수 있다. 제조사에서 제공하는 라이브러리가 없는 경우에는 오픈 소스를 이용해 제어한다. 그러나 제조사가 제공하는 라이브러리 관리 메뉴를 이용(라이브러리 관리, ZIP파일 라이브러리 추가)하면 라이브러리 버전이 달라지거나 컴파일 에러가 생길 수 있다. 센서를 제어하기 위해 필요한 오픈 소스 라이브러리를 직접 찾아서 설치하는 방법도 불편하다.

이 책에서는 오픈 소스 라이브러리를 내려받거나 동작을 제어하기 위해 각 소스 코드를 변경하는 절차를 최소화하고자 하였다. Steam_Air_xxx라는 중간 라이브러리를 만들어 간편하게 센서를 제어할 수 있다.

그림 1-7 라이브러리 설치 및 실행

1 Steam_Air_xxx 라이브러리

Steam_Air_xxx 라이브러리 복사 단계

제공되는 libraries 폴더 안에 있는 폴더들을 다음 폴더에 복사한다. 다음은 아두이노 설치 후 자동으로 생기는 폴더다.

- C:\Users\사용자 계정\Documents\Arduino\libraries

라이브러리는 각 장에 맞게 분할되어 제공된다. 다음 화면은 이해를 돕기 위해 전체 라이브러리를 나타낸 것이다.

그림 1-8 이 책의 아두이노 라이브러리 전체 폴더

Steam_Air_xxx 예제 파일 실행

센서 예제 파일(*.ino) 파일을 실행한다.

그림 1-9 센서 예제 파일

- 아두이노와 센서 연결
- 아두이노와 PC 연결
- 아두이노 IDE 예제 파일 실행

Steam_Air_xxx 예제 파일 컴파일 및 업로드

센서 예제 파일을 컴파일하고 아두이노 보드에 업로드한다.

- 메뉴 → 툴 → 보드: 아두이노 UNO 및 포트 확인
- 메뉴 → 스케치 → 확인/컴파일 → 업로드

그림 1-10 아두이노 예제 파일 컴파일 화면

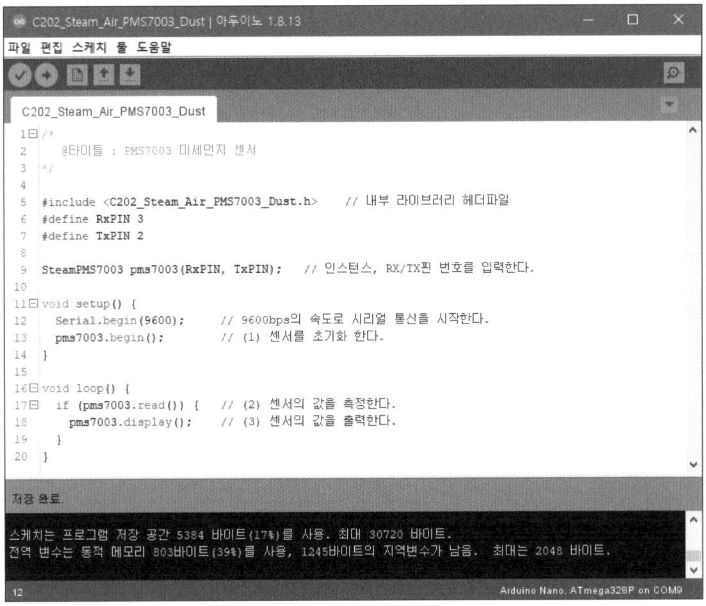

```
C202_Steam_Air_PMS7003_Dust | 아두이노 1.8.13       ─  □  ×
파일 편집 스케치 툴 도움말

C202_Steam_Air_PMS7003_Dust

1  /*
2      타이틀 : PMS7003 미세먼지 센서
3  */
4
5  #include <C202_Steam_Air_PMS7003_Dust.h>    // 내부 라이브러리 헤더파일
6  #define RxPIN 3
7  #define TxPIN 2
8
9  SteamPMS7003 pms7003(RxPIN, TxPIN);   // 인스턴스, RX/TX핀 번호를 입력한다.
10
11 void setup() {
12    Serial.begin(9600);        // 9600bps의 속도로 시리얼 통신을 시작한다.
13    pms7003.begin();           // (1) 센서를 초기화 한다.
14 }
15
16 void loop() {
17   if (pms7003.read()) {    // (2) 센서의 값을 측정한다.
18     pms7003.display();     // (3) 센서의 값을 출력한다.
19   }
20 }

저장 완료.

스케치는 프로그램 저장 공간 5384 바이트(17%)를 사용. 최대 30720 바이트.
전역 변수는 동적 메모리 803바이트(39%)를 사용, 1245바이트의 지역변수가 남음. 최대는 2048 바이트.

12                                              Arduino Nano, ATmega328P on COM9
```

Steam_Air_xxx 라이브러리 동작 확인

다음은 아두이노에 업로드된 라이브러리의 실행 화면이다.

그림 1-11 라이브러리 실행 화면

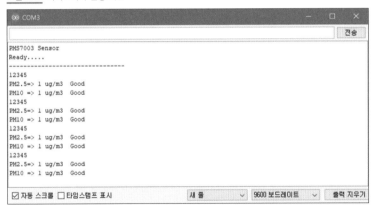

Steamedu123_Sensor-master 라이브러리는 센서와 아두이노 중간 레이어를 두어 쉽게 센서를 제어할 수 있도록 설계했다. 세 함수만으로 센서를 제어할 수 있다. 초기화하는 begin() 함수, 센서값을 읽어오는 read() 함수, 센서값을 출력하는 display() 함수다. 외부 라이브러리는 제조사에서 제공하는 라이브러리 또는 오픈 소스 라이브러리를 의미한다.

그림 1-12 Steamedu123_Sensor-master 라이브러리 아키텍처

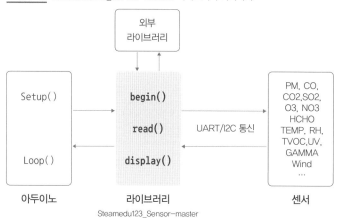

파일명은 C20X, C30X, C40X, C50X로 구분되며 미세먼지 측정 센서 라이브러리, 실내 대기 측정 센서 라이브러리, 실외 대기 측정 센서 라이브러리, 대기 환경 측정 센서 라이브러리로 구성된다. 전체 라이브러리 파일은 다음과 같다.

그림 1-13 Steamedu123_Sensor-master 라이브러리 파일 구성

libraries	
Adafruit_CCS811-master	C202_Steam_Air_PMS7003_Dust.cpp / C202_Steam_Air_PMS7003_Dust.h
Adafruit_Sensor-master	C203_Steam_Air_GP2Y1010AU0F_Dust.cpp / C203_Steam_Air_GP2Y1010AU0F_Dust.h
Arduino-GDK101-gamma-sensor-master	C204_Steam_Air_PPD42NS_Dust.cpp / C204_Steam_Air_PPD42NS_Dust.h
Arduino-MQ131-driver-master	C205_Steam_Air_NovaSDS011_Dust.cpp / C205_Steam_Air_NovaSDS011_Dust.h
DFRobotHCHOSensor	C205_Steam_Air_NovaSDS011_Dust_PWM.cpp / C205_Steam_Air_NovaSDS011_Dust_PWM.h
DHT_sensor_library	C301_Steam_Air_DHT22_TempHumidity.cpp / C301_Steam_Air_DHT22_TempHumidity.h
Grove-BME280-master	C302_Steam_Air_MH-Z19B_CO2_PWM.cpp / C302_Steam_Air_MH-Z19B_CO2_PWM.h
MHZ19-master	C302_Steam_Air_MH-Z19B_CO2_UART.cpp / C302_Steam_Air_MH-Z19B_CO2_UART.h
MQ7-Library-master	C303_Steam_Air_ZE08-CH2O_HCHO.cpp / C303_Steam_Air_ZE08-CH2O_HCHO.h
Mutichannel_Gas_Sensor-master	C304_Steam_Air_CCS811_TVOC.cpp / C304_Steam_Air_CCS811_TVOC.h
SDS011_sensor_Library-0.0.5	C304_Steam_Air_CCS811_TVOC_CJMCU-812.cpp / C304_Steam_Air_CCS811_TVOC_CJMCU-812...
SPEC-Sensors-DGS-master	C305_Steam_Air_GDK101_GAMMA.cpp / C305_Steam_Air_GDK101_GAMMA.h
Steamedu123_Sensor-master	C305_Steam_Air_GDK101_RADON.cpp / C305_Steam_Air_GDK101_RADON.h
examples	C401_Steam_Air_MQ131_O3.cpp / C401_Steam_Air_MQ131_O3.h
CHAPTER2 Ultrafine Dust Sensor	C402_Steam_Air_MQ7_CO.cpp / C402_Steam_Air_MQ7_CO.h
CHAPTER3 Indoor Air Quality Sensor	C403_Steam_Air_MICS-4514_NO2.cpp / C403_Steam_Air_MICS-4514_NO2.h
CHAPTER4 Outdoor Air Quality Sensor	C404_Steam_Air_MICS-6814_MOS.cpp / C404_Steam_Air_MICS-6814_MOS.h
	C405_Steam_Air_DGS-SO2_SO2.cpp / C405_Steam_Air_DGS-SO2_SO2.h
	C501_Steam_Air_BME280_hPa.cpp / C501_Steam_Air_BME280_hPa.h
	C502_Steam_Air_GUVA-12SD_UV.cpp / C502_Steam_Air_GUVA-12SD_UV.h

2장 미세먼지 측정 센서 라이브러리

미세먼지 측정 센서(PMS7003, GP2Y1010AU0F, PPD42NS, SDS011)를 간편하게 사용하기 위한 라이브러리다.

표 1-6 미세먼지 센서 라이브러리 구성

챕터	라이브러리명	설명
202	C202_Steam_Air_PMS7003_Dust	PMS7003 미세먼지 측정 센서
203	C203_Steam_Air_GP2Y1010AU0F_Dust	GP2Y1010AU0F 미세먼지 측정 센서
204	C204_Steam_Air_PPD42NS_Dust	PPD42NS 미세먼지 측정 센서
205	C205_Steam_Air_NovaSDS011_Dust	SDS011 미세먼지 측정 센서

3장 실내 대기 측정 센서 라이브러리

온도 및 습도(DHT22), 이산화탄소(MH-Z19B), 포름알데히드(ZH08-CH2O), 휘발성유기화합물(CCS811), 방사선 감마(GDK101) 측정 센서를 간편하게 사용하기 위한 라이브러리다.

표 1-7 실내 대기 측정 센서 라이브러리 구성

챕터	라이브러리명	설명
301	C301_Steam_Air_DHT22_TempHumidity	DHT22 온습도 측정 센서
302	C302_Steam_Air_MH-Z19B_CO2	MH-Z19B 이산화탄소(CO_2) 측정 센서
303	C303_Steam_Air_ZH08-CH2O_HCHO	ZH08-CH2O 포름알데히드(HCHO) 측정 센서
304	C304_Steam_Air_CCS811_TVOC	CCS811 휘발성 유기화합물질(TVOC) 측정 센서
305	C305_Steam_Air_GDK101_GAMMA	GDK101 방사선 감마 측정 센서

4장 실외 대기 측정 센서 라이브러리

오존(MQ-131), 일산화탄소(MQ-7), 이산화질소(MiCS-4514), 암모니아(MiCS-6814), 아황산가스(DGS-SO2) 측정 센서를 간편하게 사용하기 위한 라이브러리다.

표 1-8 실외 대기 측정 센서 라이브러리 구성

챕터	라이브러리명	설명
401	C401_Steam_Air_MQ131_O3	MQ-131 오존(O_3) 측정 센서
402	C402_Steam_Air_MQ7_CO	MQ-7 일산화탄소(CO) 측정 센서
403	C403_Steam_Air_MICS-4514_NO2	MICS-4514 이산화질소(NO_2) 측정 센서
405	C404_Steam_Air_MICS-6814_MOS	MICS-6814 암모니아(NH_3) 측정 센서
405	C405_Steam_Air_DGS-SO2_SO2	DGS-SO2 아황산가스(SO_2) 측정 센서

5장 대기 환경 측정 센서 라이브러리

기압(BME280), 자외선(GUVA-S12SD), 기류(MD0550), 풍속(QS-FS01) 측정 센서를 간편하게 사용하기 위한 라이브러리다.

표 1-9 대기 환경 측정 센서 라이브러리 구성

챕터	라이브러리명	설명
501	C501_Steam_Air_BME280_TempHumidity	BME280 기압 측정 센서
502	C502_Steam_Air_GUVA-12SD_UV	GUVA-S12SD 자외선 측정 센서
503	C503_Steam_Air_MD0550_AirVelocity	MD0550 기류 측정 센서
504	C504_Steam_Air_QS-FS01_WindSpeed	QS-FS01 풍속 측정 센서

NOTE

라이브러리 복사 방법

다음 링크에서 동영상으로도 확인할 수 있다.

- 네이버 카페 https://cafe.naver.com/arduinosensor/book5108749/229
  (단축 URL https://bit.ly/3omcvFc 카페 가입 필요)
- 길벗 IT 전문서 유튜브 https://youtu.be/Q5WwGEM7Pao

2장

미세먼지
측정 센서

왜 미세먼지가 사람들의 주목을 받게 된 걸까?
미세먼지가 우리 생활에 깊숙이 들어와
건강을 위협하고 있기 때문이다.
그렇다면 미세먼지는 사람에게
어떤 영향을 줄까?

201 침묵의 살인자, 미세먼지란?

ARDUINO SENSORS FOR EVERYONE

1 인체에 미치는 영향

미세먼지(Particular Matter, PM)는 세계보건기구(WHO)가 지정한 1급 발암물질이다.

미세먼지(PM10)는 10㎛(마이크로미터)의 크기로 대부분 인후 또는 기관지 점막으로 흡입된 후, 가래와 함께 밖으로 배출되거나 식도를 통해 위 속으로 넘어간 후 체외로 배출된다. 미세먼지 안에는 중금속과 화학물질이 매우 많이 들어 있어 흡입하면 암세포를 활성화한다.

천식을 악화하고, 만성폐쇄성폐질환 등 호흡기계 질환과 불규칙한 심장 박동, 혈관 기능 장애, 부정맥 등 심혈관계 질환의 발생 위험을 높이기도 한다. 만성폐쇄성폐질환은 나이가 들면서 생기고, 오랜 기간 담배를 피운 사람에게 잘 발생하는데, 요즘은 미세먼지로 인해 발생위험이 커지고 있다.

또한, 미세먼지는 두통과 현기증, 치매, 우울증, 피부병, 호흡기질환, 심혈관질환, 뇌질환 등을 일으킨다. 건강한 성인도 기침이 나고 눈이나 목이 따끔거리며, 특히 심장, 폐 질환자에게는 치명적이다. 미세먼지 안에 포함된 독성 물질(황산염, 질산염 등)은 눈물층과 화학반응을 일으켜 염증을 발생시킨다. 이 독성 물질은 소량이라도 인체에 매우 해로우며 안구건조증을 유발할 수 있다.

초미세먼지(PM2.5)는 2.5㎛(마이크로미터)의 크기로 미세먼지(PM10)의 4분의 1 정도라 사람 눈에는 거의 보이지 않으며, 기도에서 걸러지지 못하고 대부분 폐포를 통해 혈관 또는 임파선에 침투해 심장 질환과 호흡기 질환 등을 일으킨다.

2 미세먼지 기준

미세먼지는 PM10인 미세먼지, PM2.5인 초미세먼지로 구분한다. (초)미세먼지 예보등급은 좋음, 보통, 나쁨, 매우 나쁨의 4단계다[1]. 네이버에서 예보되는 대기 환경은 한국환경공단 에어코리아 공공 데이터의 수신 상태 및 케이웨더 대기 환경 예보 모델(CMAQ)을 적용해 해당 시간대의 평균 상황을 예측한 값으로 실제 측정치와 차이가 발생할 수 있다. 미세먼지 또는 초미세먼지의 등급별 농도 범위를 지정하여 일평균으로 해당 농도 범위에 맞는 등급을 구분하고 있다. 출력 단위는 ㎎/㎥ 또는 ㎍/㎥를 사용한다.

예보 기준은 '대기 오염으로부터 국민의 건강 · 재산 등을 보호할 목적'으로 대기 오염도를 예측하거나 경보를 발령할 수 있는 근거가 된다.

표 2-1 미세먼지 예보등급 기준[2]

등급	PM2.5		PM10	
	한국	WHO	한국	WHO
좋음	0~15㎛/㎥	0~15㎛/㎥	0~30㎛/㎥	0~30㎛/㎥
보통	16~35㎛/㎥	16~25㎛/㎥	31~80㎛/㎥	31~50㎛/㎥
나쁨	36~75㎛/㎥	26~50㎛/㎥	81~150㎛/㎥	51~100㎛/㎥
매우 나쁨	76㎛/㎥~	51㎛/㎥~	151㎛/㎥~	101㎛/㎥~

3 간이측정기의 미세먼지 측정 성능 비교

간이측정기의 성능을 비교해 보면 어떤 센서를 사용할지 판단하는 데 도움이 된다. 센서를 사용하기 전에 시중에 유통되는 측정기의 측정 범위, 출력 단위, 해상도(분해능)를 확인해야 한다. 일반적인 간이측정기의 측정 범위는 0~999㎛/㎥다. 미세먼지 예보등급에서 매우 나쁨은 (PM10) 151㎛/㎥ 이상, (PM2.5) 76㎛/㎥ 이상이다. 따라서 0~500㎛/㎥ 또는 0~999㎛/㎥ 정도면 원하는 값을 측정할 수 있다. 미세먼지 간이측정기의 측정 범위와 해상도는 다음과 같다.

그림 2-1 간이측정기의 미세먼지 측정 성능 비교

4 간이측정기에 사용되는 미세먼지 센서

간이측정기에는 어떤 센서가 사용될까? 시중에 판매되는 간이측정기의 센서를 살펴보면 사용할 센서, 신뢰할 수 있는 센서를 선택하는 데 참고할 수 있다. 간이측정기에 사용되는 센서는 다음과 같다.

그림 2-2 간이측정기에 사용되는 미세먼지 측정 센서

| SaintSmart PM-P8
실내 공기질 측정기
PMS5003
C201-PM-06 | OCRKJ D6
실내 공기질 측정기
PMSA003
C201-PM-03 | OCRKJ D9
실내 공기질 측정기
PMSA003
C201-PM-03 | SNDWAY SW-825
PM 2.5 Detector
PMSA003
C201-PM-03 | uRADMonitor Model A3
실내 공기질 측정기
Winsen ZH03A
C201-PM-22 | Air Mentor 2S
실내 공기질 측정기
PPD42NS
C204-PM-00 |
| uHoo
실내 공기질 측정기
PPD42NS
C204-PM-00 | Awair
실내 공기질 측정기
Sharp GP2Y10
C203-PM-00 | Awair 2nd Edition
실내 공기질 측정기
Honeywell
HPMA115SO-XXX
C201-PM-25 | Foobot
실내 공기질 측정기
GP2Y1010AU0F
C203-PM-00 | uRADMonitor MODEL D
실내 공기질 측정기
GP2Y1010AU0F
C203-PM-00 | JQ-200/JQ-300 Smart
WIFI detector
GP2Y1010AU0F
C203-PM-00 |

> **NOTE**
>
> **미세먼지 간이측정기 4단계 등급 성능인증**
>
> 2019년 8월 15일부터 미세먼지 간이측정기 성능인증제도가 도입되었다. 정확도, 상대정밀도 등의 평가를 거쳐 4단계(1~3등급, 등급 외)로 등급을 구분한다.
>
> 간이측정기의 모델 및 성능인증 등급은 2019년 11월 8일부터 KEDIS 환경 측정기기 검사시스템 성능인증현황 게시판[3] 또는 한국 화학융합 시험연구원 KTR의 미세먼지 간이측정기 성능인증 게시판[4]에서 확인할 수 있다.
>
> • 1등급: 국가측정망 미설치 지역에 설치하는 수준(신뢰도 높음)
> • 2등급: 지역 내 대규모 공장 등 배출원 감시 기능으로 사용할 수 있는 수준
> • 3등급: 미세먼지에 대한 정보가 부족한 일반 시민의 교육용으로 적합한 수준
> • 4등급: 학생의 실습용 교재에 적합한 수준(신뢰도 낮음)

5   미세먼지 측정 센서

이후 2장에서는 아두이노를 이용한 PMS7003, GP2Y1010AU0F, PPD42NS, SDS011 센서에 대해 설명하고 **직접 제어해 보겠다.** 이외에도 다양한 종류의 센서가 있으므로 프로젝트 목적에 맞게 사용하면 된다.

 **참고문헌**

[1]   한국환경공단 에어코리아 실시간 대기정보, http://www.airkorea.or.kr/index

[2]   에어코리아 대기정보 예보, http://www.airkorea.or.kr/web/dustForecast?pMENU_NO=113

[3]   성능인증현황 게시판, http://www.kedis.or.kr/pt/ptBBSView.do?BType=7

[4]   KTR 한국화학융합시험연구원 http://www.ktr.or.kr/main/index.do

202 PMS7003 미세먼지 측정 센서

1 PMS7003 센서란?

PMS7003 미세먼지 센서는 PLANTOWER사에서 제작, 판매하는 레이저 방식의 미세먼지 측정 센서다. PM2.5(초미세먼지)를 안정적으로 측정할 수 있고 크기도 작기 때문에 시중에서 판매되는 미세먼지 간이측정기에 널리 사용되고 있다.

그림 2-3 PMS7003 센서

PLANTOWER사는 PMS3003, PMS5003, PMS6003, PMS7003, PMSA003 등 다양한 종류의 미세먼지 센서를 제공한다[5]. 이 센서들은 크기나 기능에서 차이가 있는데, 측정 방식과 성능은 비슷하다. 참고로 PMS5003, PMS7003 센서는 공기측정기나 간이측정기에 많이 사용되고 있다.

특징

PMS7003 센서의 특징은 다음과 같다.

- 미세먼지 PM10($10\,\mu g/m^3$), 초미세먼지 PM2.5($2.5\,\mu g/m^3$), 극 초미세먼지 PM1.0($1\,\mu g/m^3$) 동시 측정
- 레이저 측정 방식
- 센서 내부에 공기순환 팬이 있어 균일하게 측정 가능
- 센서 측정값을 디지털 데이터로 변환해서 출력하기 때문에 외부 간섭(노이즈 등)이 없어 안정적인 값 측정 가능
- 시리얼(UART) 인터페이스
- 체크섬(checksum)을 사용해서 데이터 오류 판단
- 높은 정확성 보장(센서 내부 알고리즘 사용)

동작 원리

공기가 통하는 센서 입구(채널)에 미세먼지가 들어오면, 미세먼지는 레이저와 만나는데 이때 레이저 빛이 사방으로 흩어지는 산란광이 만들어진다. 센서는 산란된 레이저 빛의 신호를 변환하여 계산하는데, 미세먼지 입자의 반짝거리는 크기를 이용해 입자 크기를 결정하고 반짝거리는 개수를 계산하여 입자 크기별 개수를 측정하는 원리다. 광산란 방식은 실시간 미세먼지 측정, 여러 크기의 미세먼지 측정이 가능하다는 장점이 있다.

그림 2-4 PMS7003 센서 동작 원리[6]

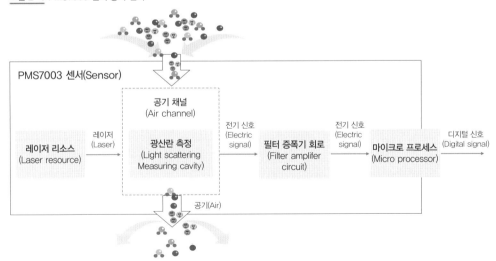

사양

측정 농도의 유효 범위는 PM2.5를 기준으로 $0 \sim 500 \mu g / m^3$다. 한국 기준으로 미세먼지는 보통 $100 \mu g / m^3$ 미만일 때가 많고 미세먼지가 극성일 때는 $200 \mu g / m^3$ 이상 측정되기도 한다. 따라서 일반적인 대기 환경 측정용으로는 적당한 성능이다. 센서 사양은 다음과 같으며 사양 중 측정 범위는 미세먼지 크기를 의미하며, 유효 범위는 PM2.5 기준 측정 범위를 의미한다.

표 2-2 PMS7003 센서 사양[7]

모델명(Model Name)	PMS7003
대상(Target)	미세먼지
측정 범위(Range of Measurement)	0.3~1.0 ; 1.0~2.5 ; 2.5~10 Micrometer(μm)
효율성 계산(Counting Efficiency)	50%@0.3μ m 98%@)=0.5μ m
유효 범위(Effective Range(PM2.5 standard))	$0 \sim 500 \mu m / m^3$
최대 측정 범위(Maximum Range(PM2.5 Standard))	$\geq 1000 \mu m / m^3$
출력 신호(Output Signal)	UART(TX, RX)
해상도(Resolution)	$1 \mu m / m^3$
표준 볼륨(Standard Volume)	0.1 Litre(L)
단일 응답 시간(Single Response Time)	<1초(s)
총 응답 시간(Total Response Time)	≤10초(s)
작동 전압(Supply Voltage)	Typ: 5.0 Min:4.5 Max: 5.5 Volt(V)
활성 전류(Active Current)	≤100 Milliampere(mA)
대기 전류(Stand by Current)	≤200 Microampere(μA)
인터페이스 레벨(Interface Level)	L ⟨0.8 @3.3 H ⟩2.7@3.3 Volt(V)
작동 온도(Working Temperature)	−10~+60℃
작동 습도(Working Humidity)	0~99%
저장 온도(Storage Temperature)	−40~+80℃
수명(MTTF)	≥3 Year
크기(Physical Size)	48×37×12 mm

핀 배열

센서의 크기와 핀 배열은 다음과 같다. 10개의 PIN으로 구성되며 TX, VCC, GND 3개 선을 사용한다.

그림 2-5 PMS7003 센서 핀 배열[8]

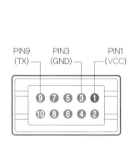

핀 번호	핀 이름	핀 설명
❶ PIN1	VCC	5V 전원
❷ PIN2	VCC	5V 전원
❸ PIN3	GND	그라운드(접지)
❹ PIN4	GND	그라운드(접지)
❺ PIN5	RESET	모듈 리셋 신호/TTL level@3.3V, low reset
❻ PIN6	NC	–
❼ PIN7	RX	시리얼 포트 수신 핀/TTL level@3.3V
❽ PIN8	NC	–
❾ PIN9	**TX**	**시리얼 포트 송신 핀/TTL level@3.3V**
❿ PIN10	SET	설정 핀/TTL level@3.3V, High level 또는 서스팬딩(suspending)은 정상적인 작동 상태, low level은 수면 모드

출력값

센서의 디지털 출력에는 액티브 모드(Active Mode)/패시브 모드(Passive Mode) 두 가지 옵션이 있다.

전원을 켜면 기본으로 액티브 모드가 활성화된다. 이 모드에서는 직렬 데이터를 호스트에 자동으로 전송하며 두 개의 서브 모드로 분리된다.

- 액티브 Stable 모드: 농도 변화가 작으면 센서는 2.3s 간격의 Stable 모드로 작동한다.
- 액티브 Fast 모드: 농도 변화가 크면 센서는 200~800ms 간격의 Fast 모드로 자동 변경된다. 농도가 높을수록 더 짧은 간격을 가진다.

- 패시브 모드는 사용자의 요청이 있을 때만 측정해서 측정 결과를 보내준다. 각 8비트(1바이트)의 값을 가지는 총 7개의 배열을 전송한다. 1, 2번 배열값은 고정인 상태로 명령어(CMD)와 그 명령어에 따른 필요 데이터를 데이터 1, 2 배열에 입력하고 Verify Byte 1, 2에 Start Byte1~Data2까지 배열의 합을 상위, 하위 각 8비트씩 나누어 저장한 뒤 센서에 전송한다.

주의 사항

센서가 최적의 작동 조건을 유지하고 잘못된 측정값을 피하기 위해서는 다음 사항에 주의해야 한다.

- PIN10(SET)과 PIN5(RESET)을 사용하지 않을 경우 연결하면 안 된다.
- PIN7(RX)과 PIN8(NC)은 연결하면 안 된다.
- 절전 모드로 동작 중이라면, 절전 모드에서 깨어난 후 팬이 동작을 시작한 뒤 최소 30초 이후에 값을 측정해야 안정적인 값을 얻을 수 있다.
- 금속 쉘이 GND에 연결되어 있다. 따라서 GND를 제외한 다른 회로 부분과 단락되지 않도록 주의해야 한다.
- 가장 좋은 설치 방법은 설치 프레임의 평면 통풍구와 밀접하게 배치하는 것이다. 또한 내부 공기 순환의 흐름을 막기 위해 일부 차폐를 삽입해서 배치해야 한다.
- 설치 프레임의 통풍구는 센서의 공기 흡입부보다 작아서는 안 된다.
- 센서는 −10~60℃에서 사용할 수 있다. 만약 한겨울 실외(−10℃ 이하)에서 센서를 사용한다면 주의해야 한다.
- 측정 가능한 최소 입자 크기는 0.3μm이지만, 측정 효율이 50%로 많이 떨어진다. 따라서 정확한 측정을 위한 입자 크기는 최소 0.5μm(98%) 이상이다.
- **센서를 연결하는 어댑터에 주의해야 한다.** 센서는 10개의 핀으로 구성되며, 연결 핀은 5×2 구조다. 핀 간격이 1.27mm로 아두이노에서 일반적으로 사용하는 2.54mm 핀보다 간격이 매우 좁아 연결하기 불편하다. 따라서 다음과 같은 어댑터와 연결 케이블을 함께 구매하는 것이 좋다.

그림 2-6 센서 어댑터

| JK-2219 | JK-2222 | SY-PMS7003ab | 인터페이스 보드 | USB 어댑터 보드 |

② 센서 연결하기

센서는 아두이노와 3개의 선으로 연결한다. RX, TX를 사용할 수 있지만, 간단히 측정할 때는 센서의 TX만 사용할 수 있다. 센서의 VCC, GND, PIN9(TX)로 연결한다. 센서 측정값은 시리얼 통신으로 전송되며, 아두이노의 D3(RX)핀에 연결하고 소프트웨어 시리얼(Software Serial)로 값을 읽는다.

그림 2-7 PMS7003 센서 연결도

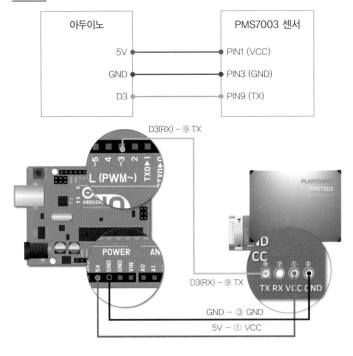

3 소프트웨어 코딩

Steamedu123_Sensor-master 〉 examples 폴더에 있는 예제 파일을 실행한다.

- 아두이노 파일: C202_Steam_Air_PMS7003_Dust.ino

그림 2-8 PMS7003 센서 예제 파일

라이브러리를 객체화하고, begin(), read(), display() 함수를 사용하여 센서를 제어할
수 있다.

그림 2-9 PMS7003 센서 코드 설명

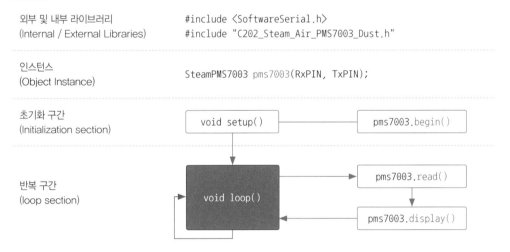

```
#include <C202_Steam_Air_PMS7003_Dust.h>    // 내부 라이브러리 헤더 파일
#define RxPIN 3
#define TxPIN 2

SteamPMS7003 pms7003(RxPIN, TxPIN);    // 인스턴스, RX/TX핀 번호를 입력한다.

void setup() {
  Serial.begin(9600);      // 9600bps의 속도로 시리얼 통신을 시작한다.
  pms7003.begin();         // (1) 센서를 초기화한다.
}

void loop() {
  if (pms7003.read()) {    // (2) 센서의 값을 측정한다.
    pms7003.display();     // (3) 센서의 값을 출력한다.
  }
}
```

④ 센서 동작 확인

센서를 실행하면 다음과 같이 **아두이노-시리얼 모니터**에서 미세먼지 측정 수치와 상태를 확인
할 수 있다.

그림 2-10 PMS7003 센서 출력 화면

그림 2-10 PMS7003 센서 출력 화면

미세먼지(PM10)는 0~30 좋음, 31~80 보통, 81~150 나쁨, 151~ 매우 나쁨으로 구분되고, 초미세먼지(PM2.5)는 0~15 좋음, 16~35 보통, 36~75 나쁨, 76~ 매우 나쁨으로 구분된다. 예를 들어 PM2.5의 값이 $1\mu g/㎥$이면 좋음(Good)이다.

 참고문헌

[5] PLANTOWER 홈페이지, http://bit.ly/3ps3prK

[6] DS_PMS7003.pdf datasheet, "Functional block diagram of sensor", p2

[7] DS_PMS7003.pdf datasheet, "Technical Index", p2-p3

[8] DS_PMS7003.pdf datasheet, "Pin Definition", p3-p4

203 GP2Y1010AU0F 미세먼지 측정 센서

ARDUINO SENSORS FOR EVERYONE

1 GP2Y1010AU0F 센서란?

Sharp사의 GP2Y1010AU0F 센서는 광학 감지 방식을 사용하는 미세먼지 측정 센서다. 공기 중의 먼지와 입자로 공기질을 측정한다. GP2Y1010AU0F 센서를 사용하는 방법은 다음과 같다.

그림 2-11 GP2Y1010AU0F 센서의 종류

온보드 모델   어댑터 사용 모델   저항과 콘덴서를
직접 연결하는 모델

- 온보드 모델은 어댑터와 센서가 일체형이라 아두이노에 간단히 연결해서 사용할 수 있다. 하지만 저항과 콘덴서를 직접 납땜해서 사용하는 모델보다 가격이 2배 정도 비싸다[9].
- 어댑터 사용 모델은 센서에 저항과 콘덴서를 납땜하지 않고도 간단히 회로를 구성할 수 있다. 하지만 추가로 어댑터를 구매해야 한다.
- 저항과 콘덴서를 직접 연결하는 모델은 가격이 저렴하다. 하지만 저항(150Ω)과 콘덴서(220uF)를 납땜해야 해서 번거롭고, 회로 연결이 복잡해진다.

이 절에서는 쉽게 센서를 제어하기 위해 온보드 모델을 사용한다.

특징

GP2Y1010AU0F 센서의 특징은 다음과 같다.

- 센서가 소모하는 전류 매우 낮음(20mA 최대, 11mA 일반)
- 전원 공급 7V까지 가능
- 먼지와 연기 구별
- 무연 및 RoHS 지침을 준수

동작 원리

GP2Y1010AU0F 센서는 가운데 뚫린 동그란 구멍을 통하여 먼지가 얼마나 있는지 측정하는 원리다. 내부에 장착된 적외선 발광 다이오드(IRED) 및 포토다이오드(PhotoDiode, PD)를 이용해서 미세입자에 의해 반사되는 빛의 양을 측정한다.

그림 2-12 GP2Y1010AU0F 센서 동작 원리 및 구성[10]

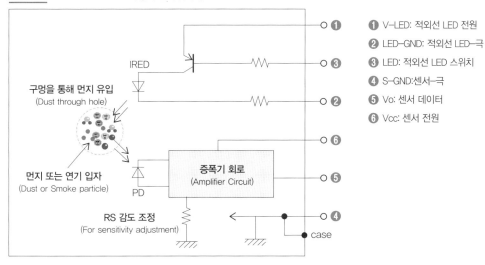

센서의 구멍에는 양 옆으로 IRED와 PD가 부착되어 있다. 적외선 발광 다이오드(IRED)가 켜지면 그때 먼지에 반사되는 빛을 반대편에 있는 적외선 수신 소자가 먼지로 인식한다. 회로를 구성하는 주요 부품으로는 적외선 발광 다이오드(IRED), 포토다이오드(광다이오드), 그리고 적외선 발광 다이오드의 작동을 조절해 주기 위한 트랜지스터(PNP형 BJT), 신호 증폭 회로가 있다.

사양

표 2-3 GP2Y1010AU0F 센서 사양[11]

모델명(Model Name)	GP2Y1010AU0F
대상(Target)	미세먼지
측정 범위(Range of Measurement)	0~500μg/㎥
작동 전압(Supply Voltage)	**2.5~5.5V**
감도(Sensitivity)	**K: 0.5 V/(100μg/m3)**
먼지가 없을 때 전압 출력(Output Voltage at no dust)	V_{OC}: 0~0.9V (1.5V max)
전압 출력 범위(Output Voltage Range)	V_{OH}: 3.4V
소비 전류(Consumption Current)	**I_{CC}: 11mA (20mA max)**
출력 신호(Output Signal)	**아날로그**
LED 전류(LED Terminal Current)	10mA (20mA max)
LED 펄스 주기(LED Pulse Cycle)	T: 10±1ms
LED 펄스 길이(LED Pulse Width)	Pw: 0.32±0.02ms
LED 작동 전원(LED Operating Supply Voltage)	Vcc: 5±0.5V
작동 온도(Working Temperature)	T_{OPR}: −10~+65℃
보관 온도(Storage Temperature)	−20~80℃
수명(Working Life)	5년
크기(Physical Size)	63.2×41.3×21.1mm

핀 배열(온보드 모델)

GP2Y1010AU0F 온보드 모델은 VCC, GND, AOUT, ILED의 4개 핀으로 구성된다. AOUT
은 아날로그 신호를 출력한다.

그림 2-13 GP2Y1010AU0F 센서 핀 배열[12]

핀 번호	심볼	설명
1	VCC	+ 공급 전압(2.5V~5.5V)
2	GND	− 극
3	AOUT	아날로그 전압 출력(Analog Voltage Output)
4	ILED	LED 단자(LED Terminal Current)

출력값

센서의 출력값은 미세먼지 농도에 따라 아날로그 출력값이 증가하는 비례 관계를 가지고 있다. 아두이노는 아날로그 핀을 이용해 센서의 값을 읽을 수 있다.

센서의 출력 전압에 대한 미세먼지 값은 $0 \sim 0.5 mg/m^3$($500 \mu g/m^3$) 범위이며, 미세먼지가 많아질수록 출력 전압값은 함께 증가한다. 센서의 출력 전압(Vo)은 미세먼지가 없는 Voc에서의 출력 전압의 합이다. 오른쪽 그래프를 보면 센서의 최대 전압은 약 3.6V까지이고 이때 미세먼지양은 대략 0.6mg이다. $1m^3$ 공간에서 약 0.1mg이 증가할 때마다 평균적으로 0.5V가 증가한다. 그래프에서 0.4mg일 때 3V, 0.5mg일 때 3.5V로 미세먼지 농도에 따른 출력값이 비례한다.

그림 2-14 출력 특성(좌) / 출력 전압과 먼지 농도(우)[13]

출력 특성
(Output characteristics)

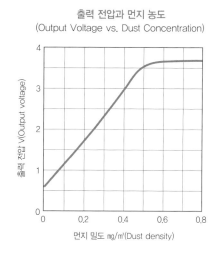

출력 전압과 먼지 농도
(Output Voltage vs. Dust Concentration)

$$\Delta V = Vo - Voc \quad \text{(VO : 출력값, monitor value)}$$

따라서 **미세먼지 농도가 0~500㎍/m³로 변할 때 Aout 전압은 0.6~3.5V로 변하므로 Aout 전압을 측정하면 미세먼지 농도를 예측할 수 있다.**

그런데 이런 원리와 출력 방식이라면 지나가는 먼지의 크기를 구별하기 어렵다. 예를 들어 큰 먼지 덩어리 하나가 지나갈 때와 작은 먼지 덩어리 여러 개가 한 번에 지나갈 때 비슷한 출력이 나올 수 있다. 하지만 대부분 초미세먼지가 많으면 미세먼지도 많기 때문에 크기를 구별할 필요가 없다면 초미세먼지만 표시한다.

센서는 다음 두 가지만 고려해도 꽤 신뢰성 있는 결과를 얻을 수 있다. 실제로 많은 논문에서 이 센서의 측정 정확도를 신뢰하고 있다[14][15][16][17].

1│ 안정적인 출력값을 위해 외부 간섭(노이즈)에 대한 다음 사항을 고려해야 한다.

- 센서의 순시값(시간과 더불어 변화하는 양의 임의의 순서 때의 값)은 크게 변동한다. 다양한 크기의 먼지들이 무작위로 매순간 측정되는데 이때 측정값의 변동이 크다.
- 먼지를 1초에 한 번씩 측정하면 외부 간섭(노이즈)이 매우 높게 발생할 수 있다. 먼지 크기가 다르기 때문에 신뢰할 수 있는 측정값을 얻기 위해 50~100회 정도 측정하고 평균값을 산출해야 한다.

2│ 센서의 저농도 영역 정확도가 제품마다 다르다. 따라서 영점 조성을 고려해야 한다.

- 영점이란 먼지가 없을 때의 출력값으로 Y축의 절편(Output Voltage)이다. 노이즈가 제거된 안정된 측정값을 얻는다고 해도 영점을 모르면, 어느 정도부터 깨끗한 공기인지 알 수 없다.
- 기울기를 정확히 아는 것보다 영점을 정확히 아는 것이 훨씬 중요하다. 기울기에서 10% 오차가 생기면 측정값도 10% 내외 오차가 생기지만, 영점에 10% 오차가 생기면 저농도의 측정값은 100% 또는 그 이상의 오차가 생기기 때문이다.
- 센서의 데이터시트에는 측정되는 전압이 0.6~3.6V 범위인 것으로 나와 있지만, 일상적인 주변 공기는 아주 극심한 상태 말고는 대부분 낮은 전압(~1V)의 좁은 범위, 즉 저농도 근방에서 변한다.
- 먼지 농도를 측정하기 위해 상용 미세먼지 계측기를 기준으로 해당 미세먼지 센서에 대한 개별적인 조정이 필요하며 보정값이 추가되어야 한다.

- 공기 청정기 등을 이용해 깨끗한 공기로 영점을 찾아내고, 높은 해상도로 측정 전압의 변화를 파악해야 주변의 먼지양 농도를 정밀하게 알 수 있다.

주의 사항

최적의 작동 조건을 유지하고 잘못된 측정값을 피하기 위해 다음 사항을 주의해야 한다.

- 정확도를 높이려면 빛이 센서 구멍 안으로 들어가지 않게 하는 것이 좋다.
- 센서에 공기 흡입 팬이 없기 때문에 정확한 측정을 위해서 매우 약한 공기가 통할 수 있게 해야 한다. 또한 데이터시트에 따르면 구멍들로 큰 먼지가 들어가지 않게 메시망으로 막는 것을 권장하고 있다.
- IRED를 이용해 계속 값을 측정하는 것이 아니라, 측정이 필요한 순간에 캐패시터에 축적된 전류를 방출해서 사용한다. 따라서 먼지 농도를 측정할 때 **시간 간격을 두고 사용해야 정상적으로 사용할 수 있다.** 캐패시터의 충전 주기는 약 10ms이고 펄스가 제품 안을 비추는 길이는 약 0.32ms다. 따라서 최적의 측정 시점은 적외선 LED가 켜지고 난 뒤 약 0.28ms다.

그림 2-15 GP2Y1010AU0F 센서 출력 펄스 및 샘플링 타이밍[18]

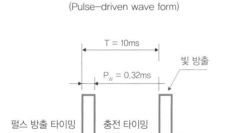
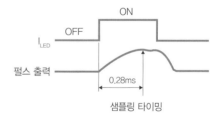

2 센서 연결하기

GP2Y1010AU0F 온보드 모델은 아두이노와 4개의 선(센서의 VCC, GND, ILED, AOUT)으로 연결한다. 아두이노는 A1핀으로 센서의 아날로그 출력값을 읽는다.

그림 2-16 GP2Y1010AU0F 센서 연결도(온보드 모델)

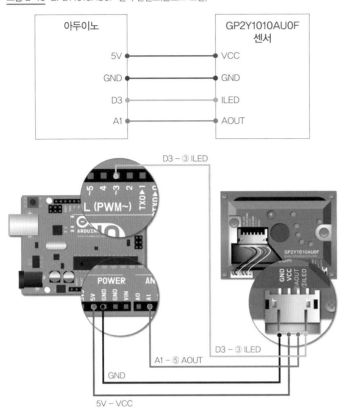

3 소프트웨어 코딩

Steamedu123_Sensor-master 〉 examples 폴더 내에 있는 예제 파일을 실행한다.

- 아두이노 파일: C203_Steam_Air_GP2Y1010AU0F_Dust.ino

그림 2-17 GP2Y1010AU0F 센서 예제 파일

소스 코드를 살펴보면 라이브러리를 객체화하고, begin(), read(), display() 함수를 사용하여 센서를 제어할 수 있다.

그림 2-18 GP2Y1010AU0F 센서 코드 설명

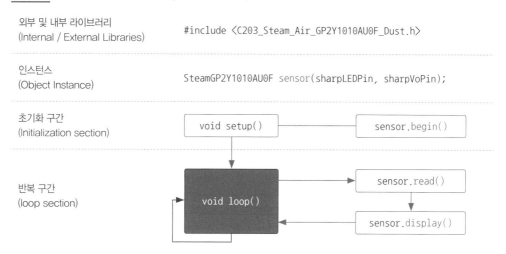

```
#include <C203_Steam_Air_GP2Y1010AU0F_Dust.h>    // 내부 라이브러리 헤더 파일
#define sharpLEDPin    3
#define sharpVoPin     A1


// 인스턴스, 핀 번호를 입력한다.
SteamGP2Y1010AU0F sensor(sharpLEDPin, sharpVoPin);

void setup() {
  Serial.begin(9600);    // 9600bps의 속도로 시리얼 통신을 시작한다.
  sensor.begin();        // (1) 센서를 초기화한다.
}

void loop() {
  if (sensor.read()) {   // (2) 센서의 값을 측정한다.
    sensor.display();    // (3) 센서의 값을 출력한다.
  }
}
```

4 센서 동작 확인

센서를 실행하면 다음과 같이 **아두이노-시리얼 모니터**에서 미세먼지 측정 수치와 상태를 확인할 수 있다.

그림 2-19 GP2Y1010AU0F 센서 출력 화면

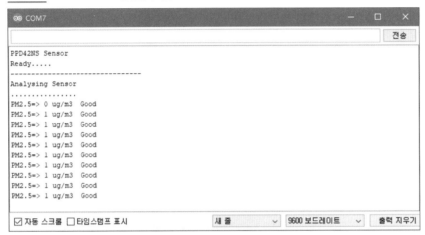

초미세먼지(PM2.5)는 0~15 좋음, 16~35 보통, 36~75 나쁨, 76~ 매우 나쁨으로 구분된다. 예를 들어 PM2.5의 값이 $1\mu g/m^3$이면 좋음(Good)이다.

참고문헌

[9] 알리익스프레스 GP2Y1010AU0F 온보드, https://aliexpi.com/RjwC

[10] gp2y1010au_e datasheet, "Internal schematic", p2

[11] gp2y1010au_e datasheet, "Electro-optical Characteristics", p4

[12] gp2y1010au_e datasheet, "Electro-optical Characteristics", p4

[13] gp2y1010au_e datasheet, "Electro-optical Characteristics", p5

[14] Low-cost PM2.5 Sensors: An Assessment of their Suitability for Various Applications, https://aaqr.org/articles/aaqr-18-10-lcs-0390

[15] Aerosol Chamber Characterization for Commercial Particulate Matter (PM) Sensor Evaluation, https://aaqr.org/articles/aaqr-17-12-ac3-0611

[16] Wang, Y., Li, J., Jing, H., Zhang, Q., Jiang, J. and Biswas, Laboratory evaluation and calibration of three low-cost particle sensors for particulate matter measurement. Aerosol Science and Technology Volume 49, 2015

[17] Visa M Tasic, Measurement of PM2.5 Concentrations in Indoor Air Using Low-Cost Sensors and Arduino Platforms, 2016

[18] gp2y1010au_e datasheet, "Input Condition for LED Input Terminal", p5

204 PPD42NS 미세먼지 측정 센서

1 PPD42NS 센서란?

Shinyei사의 PPD42NS 센서는 광학 감지 방식을 사용하여 미세먼지 농도를 측정한다.

그림 2-20 PPD42NS 센서

특징

PPD42NS 센서의 특징은 다음과 같다.

- 1μm 및 2.5μm 먼지 검출
- PM1.0 또는 PM2.5 두 가지 모드 중 선택 가능
- 저항 히터로 공기를 자동 흡입하여 측정
- PWM 출력 모드 제공
- 입자 탐지 범위: 최대 8000pcs/283ml(1μm 입자 이상)

동작 원리

센서 내에 있는 적외선 센서로 공간을 비추고 반대편에 있는 포토다이오드 감지기 (Photodiode Detector)가 포커싱 렌즈를 통해 먼지를 측정하는 방식이다. 이때 적외선 LED 는 켜고 끄는 것이 아니라 계속 켜 있는 상태로 측정한다. 센서는 **먼지가 얼마나 있는지를 측정하는 것이 아니라, 일정 시간 동안 먼지가 얼마나 발생했는지를 측정한다.**

다시 말해 **센서는 미세먼지 개별 입자를 계산하지 않고 대신 포토다이오드가 입자를 감지하는 시간 (LPO)을 계산**한다. LPO 시간 측정은 30초를 권장한다. 만약 센서의 정확도(해상도)를 어느 정도 포기할 수 있는 상황이라면 15초간 측정해서 사용하는 것도 가능하다.

그림 2-21 PPD42NS 분해도[19]

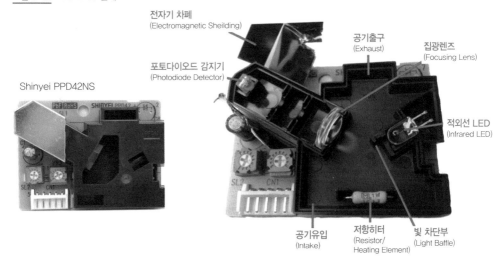

Shinyei PPD42NS

전자기 차폐 (Electromagnetic Sheilding)
공기출구 (Exhaust)
집광렌즈 (Focusing Lens)
포토다이오드 감지기 (Photodiode Detector)
적외선 LED (Infrared LED)
공기유입 (Intake)
저항히터 (Resistor/Heating Element)
빛 차단부 (Light Baffle)

사양

PPD42NS 센서의 사양은 다음과 같다.

표 2-4 PPD42NS 센서 사양[20]

모델명(Model Name)	PPD42NS
대상(Target)	미세먼지
검출할 수 있는 입자 크기(Detectable Particle Size)	1㎛(최소)
검출할 수 있는 농도 범위 (Detectable Range of Concentration)	0~28,000pcs/liter (0~8,000pcs/0.01CF=283ml)

모델명(Model Name)	PPD42NS
출력 신호(Output Signal)	디지털 출력 Negative Logic, Digital output, Hi : over 4.0V(Rev.2) Lo : under 0.7V
작동 전압(Supply Voltage)	5V +/− 10% (CN1:Pin1=GND, Pin3=+5V) Ripple Voltage within 30mV
소비 전류(Power Consumption)	90mA
작동 온도(Working Temperature)	0~45℃
작동 습도(Working Humidity)	0~95%
저장 온도(Storage Temperature)	−30~+60℃
크기(Physical Size)	59x45x22mm
무게(Weight)	24g

핀 배열

PPD42NS 센서의 PIN은 총 5개다. PIN2(P2), PIN4(P1)는 미세먼지를 측정한다. 센서는 두 개의 출력(OUTPUT) 모드를 지원하고 모드에 따라 감도가 다르다.

그림 2-22 PPD42NS 센서 핀 배열

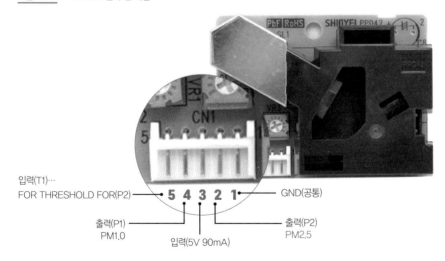

입력(T1)…
FOR THRESHOLD FOR(P2)

출력(P1)
PM1.0

입력(5V 90mA)

GND(공통)

출력(P2)
PM2.5

출력값

PPD42NS 센서는 먼지 농도를 측정하기 위해 계량 방법을 사용하지 않고 계수 방법을 사용한다. 단위는 중량법(weighing method)이 아닌 계산법(counting method)을 사용하며, pcs/L 또는 pcs/0.01cf이다. pcs/0.01cf 단위는 흔히 사용하는 $\mu g/m^3$ 단위로 변환해서 출력하면 된다.

주의 사항

최적의 작동 조건을 유지하고 잘못된 측정값을 피하기 위해 다음 사항을 주의해야 한다.

- **센서의 측정값은 편차가 심하다.** 단순히 측정값만 나열하면 기복이 심한 그래프가 나온다. 수집된 값들을 50개씩 묶어서 평균을 구해 측정하길 권장한다. 평균을 구한 측정값은 먼지 농도의 변화를 파악하기 훨씬 좋은 상태가 된다[21][22][23].
- **센서를 똑바로 세워서 설치해야 한다.** 센서 내부에 작은 히터가 있다. 히터에 의한 상승기류를 이용해 측정하므로 히터 부위가 측정에 사용되는 광학 부위보다 아래에 위치하도록 케이스를 세워서 설치해야 한다.

그림 2-23 PPD42NS 센서 설치 방법

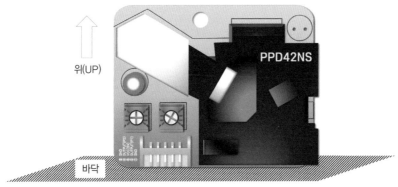

- 센서 주변의 빛이 적외선 센서에 영향을 주지 않도록 케이스로 빛을 차단해야 한다.
- 센서는 미세먼지에 영향을 주는 바람, 대류 현상을 차단하도록 설치해야 한다.
- 처음 사용 시 3분 동안 예열 시간이 필요하다.
- 팬을 추가하거나, PIN5(T1), GND에 10kΩ 저항을 추가해 성능을 높일 수 있다[24].

센서 연결하기

PPD42NS 센서와 아두이노를 3개의 선으로 연결한다. PIN2 OUTPUT(P2)은 PM2.5를 출력한다. PIN3 OUTPUT(P1)은 PM1.0을 출력한다. PM2.5 측정을 위해 PIN2번과 아두이노 D3를 연결한다. 전원은 5V를 사용한다.

그림 2-24 PPD42NS 센서 연결도

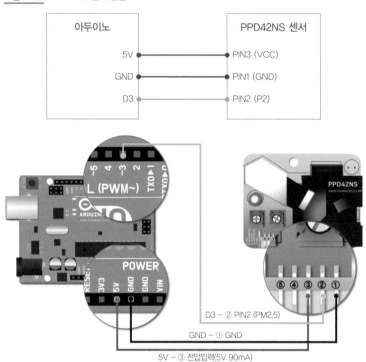

3 소프트웨어 코딩

Steamedu123_Sensor-master 〉 examples 폴더 내에 있는 예제 파일을 실행한다.

- 아두이노 파일: C204_Steam_Air_PPD42NS_Dust.ino

그림 2-25 PPD42NS 센서 예제 파일

라이브러리를 객체화하고, begin(), read(), display() 함수를 사용하여 센서를 제어할 수 있다.

그림 2-26 PPD42NS 센서 코드 설명

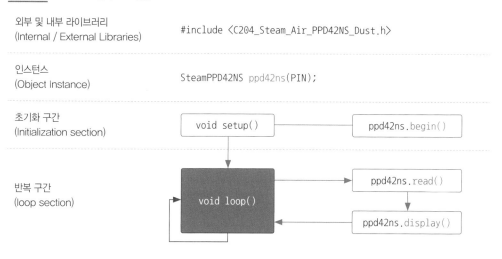

```
#include <C204_Steam_Air_PPD42NS_Dust.h>  // 내부 라이브러리 헤더 파일
#define PIN 3

SteamPPD42NS ppd42ns(3);     // 인스턴스, 핀 번호를 입력한다.

void setup() {
  Serial.begin(9600);     // 9600bps의 속도로 시리얼 통신을 시작한다.
  ppd42ns.begin();        // (1) 센서를 초기화한다.
}
```

```
void loop() {
  ppd42ns.read();        // (2) 센서의 값을 측정한다.
  ppd42ns.display();     // (3) 센서의 값을 출력한다.
}
```

4 센서 동작 확인

센서를 실행하면 다음과 같이 **아두이노-시리얼 모니터**에서 미세먼지 측정 수치와 상태를 확인
할 수 있다.

그림 2-27 PPD42NS 센서 출력 화면

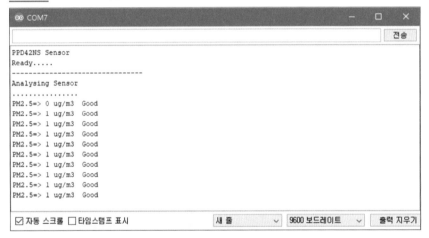

초미세먼지(PM2.5)는 0~15 좋음, 16~35 보통, 36~75 나쁨, 76~ 매우 나쁨으로 구분된
다. 예를 들어 PM2.5의 값이 $1\mu g/m^3$ 이면 좋음(Good)이다.

참고문헌

[19] Michael Heimbinder, Make Your Own AirCasting Particle Monitor, https://www.habitatmap.org/blog/make-your-own-aircasting-particle-monitor

[20] PPD42NS Datasheet, "Specification", p1

[21] Testing the Shinyei PPD42NS, http://irq5.io/2013/07/24/testing-the-shinyei-ppd42ns/

[22] Austin, E., Novosselov, I., Seto, E. and Yost, M.G., Laboratory evaluation of the Shinyei PPD42NS low-cost particulate matter sensor, PLoS One, 2015

[23] Canu, M., Galvis, B., Morales, R., Ramirez, O. and Madelin, M., Understanding the Shinyei PPD42NS low-cost dust sensor, 2018 IEEE International Conference on Environmental Engineering (EE), 2018

[24] Measuring the Pickle Jr. - a modified PPD42 with an attached fan, https://bit.ly/3sBA6VZ

205 SDS011 미세먼지 측정 센서

ARDUINO SENSORS FOR EVERYONE

1 SDS011 센서란?

Nova Fitness사의 SDS011 센서[25]는 레이저 산란의 원리를 사용해 공기 중 0.3~10μm 사이의 미세먼지 입자 농도를 측정할 수 있다. 디지털 출력과 내장 팬이 있어 안정적이고 신뢰할 수 있다. 다른 미세먼지 센서는 센서 크기를 줄이는 데 초점을 맞추는 반면 SDS011 센서는 더 큰 팬을 사용하는 데 초점을 두었다. 팬이 클수록 주위의 미세먼지를 잘 흡입하여 측정할 수 있기 때문이다.

그림 2-28 SDS011 센서

특징

SDS011 센서는 다음과 같은 특징이 있다.

- 정확하고 신뢰할 수 있는 레이저 감지, 안정적이고 일관성 있는 출력
- 응답 시간 10초 미만의 빠른 응답성

- UART 출력 또는 IO 출력을 사용자 정의
- $0.3\mu g/m^3$의 고해상도 출력
- CE/FCC/RoHS 인증 통과
- 샘플링 호스를 사용할 수 있는 연결부 제공(샘플링 호스는 최대 1m까지 미세먼지 샘플링)

동작 원리

SDS011 센서는 레이저 산란 원리로 동작한다. 미세먼지가 센서 감지 영역을 통과할 때 광산란이 유발된다. 산란된 광은 전기 신호로 변환되어 증폭 및 처리된다. 센서의 신호 파형은 미세먼지 입자 직경과 특정 관계가 있다. **센서는 미세먼지 입자의 수와 직경을 분석하여 미세먼지 측정값을 얻을 수 있다.**

그림 2-29 SDS011 센서 동작 원리[26]

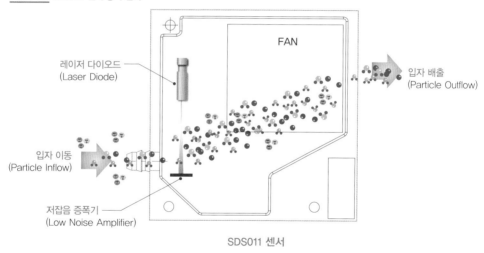

SDS011 센서

1│ 먼지 입자가 샘플링 입구로 유입되어 센서 챔버로 들어간다.

2│ 먼지 크기에 따라 레이저 다이오드 빛이 산란된다.

3│ 저잡음 증폭기가 수집된 빛을 다양한 신호 강도로 변환한다.

4│ 팬을 통해 유입된 먼지 입자는 센서 챔버 외부로 배출된다.

SDS011 센서를 분해하면 다음과 같다. 다이오드는 PCB측에 장착되어 있다. 레이저는 플라스틱 상자에 장착되고 플라잉 와이어를 통해 PCB에 연결된다. 메인 CPU는 8비트 프로세스를 사용하며, 차폐 아래에 저잡음 증폭기가 장착되어 있다. 이 디자인의 가장 큰 문제는 6개월 이상 24시간 가동하면 내부 전체에 먼지가 많아진다는 것이다.

그림 2-30 SDS011 분해도[27]

사양

SDS011 센서는 초미세먼지(PM2.5), 미세먼지(PM10)를 측정할 수 있다. 측정 범위는 0~999.9μg/m³이다.

표 2-5 SDS011 센서 사양[28]

모델명(Model Name)	Nova SDS011
대상(Target)	초미세먼지, 미세먼지(PM2.5, PM10)
측정 범위(Range of Measurement)	**0.0~999.9μm/m³**
출력 신호(Output Signal)	UART(TX, RX), PWM
작동 전압(Power Voltage)	4.7~5.3V
정격 전압(Rated Voltage)	5V
정격 전류(Rated Current)	70mA±10mA
슬립 전류(Sleep Current)	〈4mA(Laser&Fan sleep)

모델명(Model Name)	Nova SDS011
기압(Air Pressure)	860hPa~1100hPa
응답 시간(Corresponding Time)	1초
직렬 데이터 출력 주파수(Serial Data Output Frequency)	1Hz
입자의 최소 해상도(Minimum Resolution of Particle)	0.3㎛
수율 계산(Counting Yield)	70%@0.3㎛, 98%@0.5㎛
상대 오류(Relative Error)	Maximum of ±15% and ±10μg/m3(25℃, 50%)
작동 온도(Working Temperature)	−10~+50℃
작동 습도(Working Humidity)	0~70% (Max 90%)
저장 온도(Storage Temperature)	−20~+60℃
인증(Certification)	CE/FCC/RoH
크기(Physical Size)	71x70x23mm

센서 수명은 레이저 먼지 센서의 주요 매개 변수다. 센서의 레이저 다이오드는 고품질이며 서비스 수명은 최대 8,000시간이다. 매일 24시간씩 가동 시 333일 정도 동작할 수 있다. 센서 수명은 환경에 따라 달라질 수 있으며, 배터리처럼 더 이상 동작이 안 된다는 의미보다는 센서 정확도가 떨어진다는 의미로 이해하면 된다.

실시간 데이터(예: 감지기)가 필요한 경우에는 초당 1회 주기로 측정하는 기본 구성을 사용한다. 실시간 수요가 높지 않은 경우(예: 필터, 공기 품질 모니터링 등)에는 불연속 작동 방법을 사용하여 센서 수명을 연장할 수 있다. 예를 들어 분당 30초 동안 센서를 측정할 수 있다. 즉 1분을 기준으로 1초에 1회 측정할 것을 2초에 1회로 측정하도록 설정할 수 있다.

핀 배열

SDS011 센서는 7개의 핀으로 구성되어 있다. 인터페이스는 UART, PWM 방식을 지원한다. 5V의 입력을 받는다.

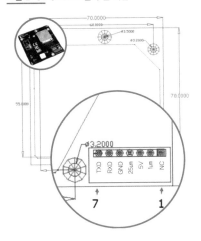

그림 2-31 SDS011 센서 핀 배열[29]

핀 번호	핀 이름	설명
1	NC	연결하지 않음(Not Connect)
2	1μm	PM2.5: 0~999μg/㎥, PWM Output
3	5V	5V 입력
4	2.5μm	PM10: 0~999μg/㎥, PWM Output
5	GND	접지(Ground)
6	RXD	UART (RXD) @ TTL 3.3V
7	TXD	UART (TXD) @ TTL 3.3V

출력값

센서는 UART와 PWM 인터페이스를 제공하며 이 책에서는 UART를 설명한다. UART 인터페이스는 4개의 핀(GND, 5V, TX, RX)을 사용한다. 다음과 같이 PM2.5, PM10의 미세먼지 값을 구할 수 있다.

그림 2-32 UART 인터페이스[30]

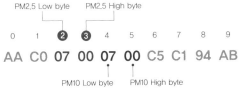

계산 공식

PM2.5($μm/㎥$) = ((PM2.5 High byte * 256) + PM2.5 low byte)/10
PM10($μm/㎥$) = ((PM10 High byte * 256) + PM10 low byte)/10

Check-sum : Check-sum = DATA1+DATA2+⋯+DATA6

바이트번호	데이터 타입	데이터
0	Message Header	AA
1	Commander No.	C0
2	DATA 1	PM2.5 Low byte
3	DATA 2	PM2.5 High byte
4	DATA 3	PM10 Low byte
5	DATA 4	PM10 High byte
6	DATA 5	ID Byte 1
7	DATA 6	ID Byte 2
8	Checksum	Checksum
9	Message tail	AB

주의 사항

최적의 작동 조건을 유지하고 잘못된 측정값을 피하기 위해 중력 방향으로 놓고 측정해야
한다.

그림 2-33 SDS011 센서 설치 방법[31]

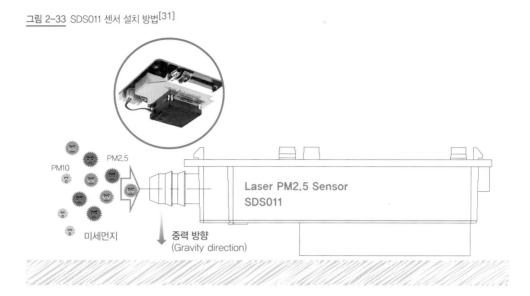

센서 제조사는 PC에서 센서의 측정값을 모니터링할 수 있는 프로그램을 제공한다. USB로
센서와 PC를 연결해서 사용할 수 있다. 아두이노와 연결해서 사용하기 전에 제조사에서 제
공하는 툴을 이용해 센서의 동작 상태를 확인하면 센서에 대해 더 빠르게 이해할 수 있다.

그림 2-34 센서와 연결된 PC[32]

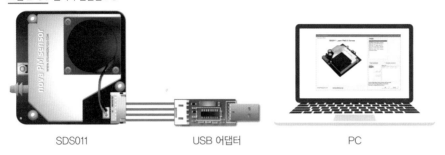

SDS011   USB 어댑터   PC

2 센서 연결하기

SDS011 센서와 아두이노를 UART 또는 PWM 인터페이스로 연결할 수 있다. 이 책에서는
UART로 전송되는 프로토콜 값을 이용해 초미세먼지(PM2.5)와 미세먼지(PM10)의 값을
측정한다.

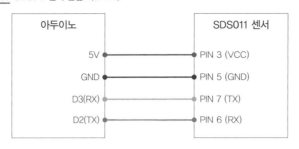

그림 2-35 SDS011 센서 연결도(UART)

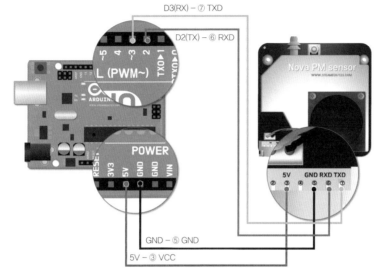

3 소프트웨어 코딩

Steamedu123_Sensor-master 〉 examples 폴더 내에 있는 예제 파일을 실행한다.

- 아두이노 파일: C205_Steam_Air_NovaSDS011_Dust.ino

그림 2-36 SDS011 센서 예제 파일

← · → · ↑ 📁 › 내 PC › 문서 › Arduino › libraries › Steamedu123_Sensor-master › examples › CHAPTER2 Ultrafine Dust Sensor › C205_Steam_Air_NovaSDS011_Dust

	이름	수정한 날짜	유형	크기
☑ C205_Steam_Air_NovaSDS011_Dust.ino	2021-02-04 오후 3:44	Arduino file	1KB

- Arduino
- libraries
  - SDS011_sensor_Library-0.0.5
  - Steamedu123_Sensor-master
    - examples
      - CHAPTER2 Ultrafine Dust Sensor
        - C205_Steam_Air_NovaSDS011_Dust
  - src

라이브러리를 객체화하고 begin(), read(), display() 함수를 사용하여 센서를 제어할 수 있다.

그림 2-37 SDS011 센서 코드 설명

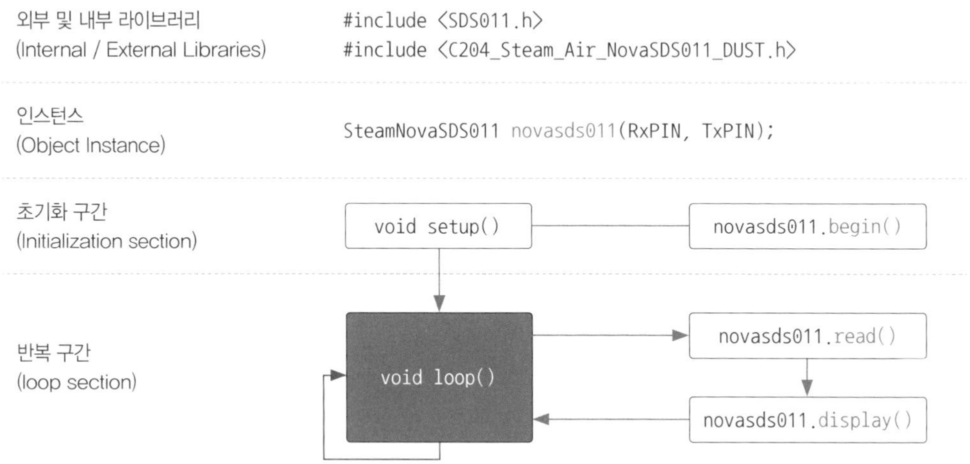

외부 및 내부 라이브러리 (Internal / External Libraries)	#include <SDS011.h> #include <C204_Steam_Air_NovaSDS011_DUST.h>
인스턴스 (Object Instance)	SteamNovaSDS011 novasds011(RxPIN, TxPIN);

```
#include <C205_Steam_Air_NovaSDS011_Dust.h>    // 내부 라이브러리 헤더 파일

#define RxPIN 3
#define TxPIN 2

SteamNovaSDS011 novasds011(RxPIN, TxPIN); // 인스턴스, 핀 번호를 입력한다.

void setup() {
  Serial.begin(9600);     // 9600bps의 속도로 시리얼 통신을 시작한다.
  novasds011.begin();     // (1) 센서를 초기화한다.
}

void loop() {
  novasds011.read();      // (2) 센서의 값을 측정한다.
  novasds011.display();   // (3) 센서의 값을 출력한다.
}
```

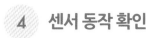

4 **센서 동작 확인**

센서를 실행하면 다음과 같이 **아두이노-시리얼 모니터**에서 미세먼지 측정 수치와 상태를 확인할 수 있다.

그림 2-38 SDS011 센서 출력 화면

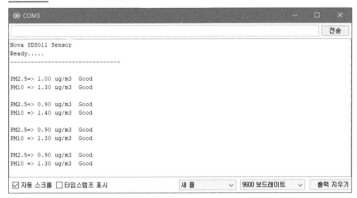

미세먼지(PM10)는 0~30 좋음, 31~80 보통, 81~150 나쁨, 151~ 매우 나쁨으로 구분된다. 초미세먼지(PM2.5)는 0~15 좋음, 16~35 보통, 36~75 나쁨, 76~ 매우 나쁨으로 구분된다. 예를 들어 PM2.5의 값이 $1\mu g/m^3$이면 좋음(Good)이다.

참고문헌

[25] Nova SDS011 홈페이지, http://inovafitness.com/en/a/chanpinzhongxin/95.html

[26] Konstantinos N. Genikomsakis 1 ID, Nikolaos-Fivos Galatoulas 1, Panagiotis I. Dallas 2, Development and On-Field Testing of Low-Cost Portable System for Monitoring PM2.5 Concentrations, 2018

[27] The SDS011 Air Quality Sensor experiment Real-time Air Quality readings from the SDS011 https://aqicn.org/sensor/sds011/kr/

[28] PPD42NS Datasheet, "Specification", p1

[29] PPD42NS Datasheet, "Interface specification", p4~p5

[30] PPD42NS Datasheet, "The UART communication protocol", p5

[31] PPD42NS Datasheet, "Basic Structure", p8

[32] Nova SDS011 PC 프로그램, http://inovafitness.com/en/a/chanpinzhongxin/95.html

3장

실내 대기
측정 센서

우리는 생각보다 실내에서 많은 시간을 보낸다.
국립환경과학원의 '국민 일일 시간 활동 양상에 따른
개인 노출 평가 연구' 및 통계청의 '생활시간 조사
결과'[1]에 따르면 하루 중 20시간 이상을 실내에서
생활한다. 우리는 바깥 공기만 걱정하는데, 실내 공기도
우리의 일상생활과 건강에 많은 영향을 미친다.

301 DHT22 온습도 측정 센서

ARDUINO SENSORS FOR EVERYONE

1 온도(T)/습도(RH)

온도(T)는 실내 공기 오염 물질의 **배출**에 영향을 준다. 실내 온도가 높으면 포름알데히드나 휘발성 유기화합물(VOCs)이 많이 방출된다. 포름알데히드는 성질상 온도 의존성이 높아서 온도가 올라가면 방출량이 급속히 늘어난다[2]. 또한, 기온이 올라가고 건물이 뜨겁게 달궈지면 건물이나 벽, 실내 가구 내장재에 들어 있던 벤젠과 같은 오염 물질이 뿜어져 나온다[3]. 그렇다고 온도를 낮추기 위해 계속 냉방을 하면 밀폐된 실내 공간으로 인해 이산화탄소 배출량이 높아진다[4]. 실내 적정 온도를 지키는 것이 가장 좋다.

습도(RH)는 실내 공기 오염 물질의 **농도**에 영향을 준다. 습도가 높아지면 실내 공기 오염 물질이 습기를 흡수하여 크기가 커지고 무거워진다. 습도가 높은 날 미세먼지가 나쁜 이유는 습도로 인해 공기 중에 있는 오염 물질의 알갱이가 커지기 때문이다. 또한, 습기를 잘 흡수하는 황산염과 질산염 같은 흡습성 입자상 물질을 성장시켜 질량 농도를 증가시킨다. 이렇게 대기 에어로졸(공기 중에 떠 있는 작은 고체 및 액체 입자)의 성장에 영향을 주면 측정기나 센서로 오염 물질을 정확하게 측정할 수 없다.

인체에 미치는 영향

온습도는 실내 공기 오염 물질뿐만 아니라 인체에도 직접 영향을 미친다.

온도가 낮으면 저체온증, 온도가 높으면 온열질환이 발생할 수 있다. 저체온증의 30%는 실내에서 발생한다. 저체온증이 되면 오한, 빠른맥, 과호흡, 혈압 증가, 신체기능 저하, 판단력 저하, 호흡 부전, 부종, 폐출혈, 저혈압, 혼수, 심실세동 등이 나타나며, 계속될 경우 사망에 이를 수 있다. 온열질환이 발생하는 장소 1위는 실외 작업장, 2위는 집 실내(13.8%)다. 실내는 햇볕에 직접 노출되지 않지만, 공간이 밀폐될 수 있기 때문에 뜨거워진 공기가 잘 식지 않고, 습도가 쉽게 높아지기 때문이다. 열사병, 열탈진, 열경련, 열부종, 열실신, 열발진 등이 있으며, 중추신경기능장애, 오한, 빠른맥, 빈호흡, 저혈압, 극심한 무력감과 피로, 창백, 근육경련, 구토, 혼미, 어지럼증 등이 발생할 수 있다.

습도가 낮아 실내가 건조할 때는 기조 점막이 건조해지고 기도의 세균감염 예방 작용이 악화되어, 감기, 독감과 같은 호흡기 질환 등이 발생한다. 또한, 알레르기, 천식 등 각종 질병 증상이 악화된다. 습도가 높으면 다양한 미생물들이 번식하게 된다. 특히 곰팡이 등 세균이 서식하며, 천식, 알레르기, 비염 증상을 유발하게 된다.

계절에 따른 실내 적정 온습도

환경부 자료에 따르면 봄과 가을에는 19~23℃ 50%, 여름에는 24~27℃ 60%, 겨울에는 18~21℃ 40%일 때 인체가 가장 쾌적함을 느낀다고 한다.

표 3-1 적정 실내 온도 및 습도[5]

계절	적정 온도	적정 습도
봄, 가을	19~23℃	50%
여름	24~27℃	60%
가을	18~21℃	40%

간이측정기의 온습도 측정 성능 비교

간이측정기의 성능을 비교해 보면 어떤 센서를 사용할지 판단하는 데 도움이 된다. 센서를 사용하기 이전에 기본적으로 시중에 유통되는 측정기의 측정 범위, 출력 단위, 해상도(분해능)를 확인해야 한다. 간이측정기의 측정 범위는 온도 −40~80℃, 습도 0~100%다. 그 이상의 성능을 원하면 산업용을 사용해야 한다. 간이측정기의 측정 범위와 해상도는 다음과 같다.

그림 3-1 간이측정기의 온습도 측정 성능 비교

	AirRadio A6 실내 공기질 측정기	JQ-200 Smart WIFI 실내 공기질 측정기	에어 마스터 2 AM7 실내 공기질 측정기	미세미세 B36/M5S/365B35 실내 공기질 측정기	샤오미 미지아 실내 공기질 측정기	휴마아이 HI-150A 실내 공기질 측정기
측정 범위 온도 범위:	-40~60 ℃	0~50 ℃	25~85.0 ℃	-10~70℃	-10~70℃	-30~100℃
해상도	(0.1℃)	(1℃)	(0.1℃)	(0.1℃)	(0.1℃)	(0.1℃)
측정 범위 습도 범위:	0~100%RH	20~90 %RH	0~99 %RH	0.1~99.9%RH	0.1~99.9%RH	0~100%RH
해상도	(0.01%RH)	(1%RH)	(0.01%RH)	(0.1%RH)	(0.1%RH)	(1 %RH)

간이측정기에 사용되는 온습도 센서

간이측정기에는 어떤 센서가 사용될까? 시중에 판매되는 간이측정기의 센서를 살펴보면 사용할 센서, 신뢰할 수 있는 센서를 선택하는 데 참고할 수 있다. 간이측정기에 사용되는 센서는 다음과 같다.

그림 3-2 간이측정기에 사용되는 온습도 센서

AirRadio A6 실내 공기질 측정기	JQ-200 Smart WIFI 실내 공기질 측정기	Airthings Wave Plus 실내 공기질 측정기	uRADMonitor Model A3 Advanced	에어 마스터 2 AM7 실내 공기질 측정기	코아레스 S4 미세미세 실내 공기질 측정기
DHT12 C301-RH/T-02	DHT11 C301-RH/T-01	BME680 C301-RH/T-23	BME280/BME680 C301-RH/T-23	Sensirion SHT20 C301-RH/T-26	HDC-1080 C301-RH/T-42

온습도 간이측정기에는 DHT12, DHT11, BME280/BME680, SHT20, HDC1080 등의 센서가 많이 사용되는데, 간이측정기에 사용되는 센서의 측정 범위, 응답 시간, 해상도, 가격 등을 비교해 보면 다음과 같다.

표 3-2 간이측정기에 사용되는 온습도 센서의 성능 비교

구분	DHT11	DHT22	BME280[6]	SHT20[7]	HDC1080[8]
온도 측정 범위	0~50℃	-40~80℃	-40~85℃	-40~125℃	-40~125℃
온도 측정 오차	±2℃	±0.5℃	±1℃(0~60℃)	±0.3℃	±0.2℃
습도 측정 범위	20~90%	0~100%	0~100%	0~100%	0~100%

구분	DHT11	DHT22	BME280[6]	SHT20[7]	HDC1080[8]
습도 측정 오차	±5%	±2%	±3%	±3%	±2%
응답 시간	1초	2초	1초	8초	15초
해상도	T: 1℃ RH: 1%	T: 0.1℃ RH: 0.1%	T: 0.1℃ RH:0.008%	T: 0.04℃ RH: 0.07%	T: 0.1℃ RH: 0.1%
가격	US $0.83	US $2.55	US $1.98	US $1.83	US $1.93

※ 센서 가격(출처: aliexpress)은 판매회사 상황에 따라 변동될 수 있다.

참고로 DHT22는 DHT11보다 정밀한 센서다. DHT11은 DHT22보다 온도/습도의 측정오차가 크다. 또한, DHT22는 BME280보다 온도/습도 측정 오차가 작고, SHT20, HDC1080보다 응답 시간이 짧다.

이번 절에서는 다양한 종류의 센서 중 온도 −40~80℃, 습도 0~100% 범위를 측정할 수 있는 성능을 가진 DHT22 센서를 사용한다. 간이측정기에 사용되는 측정 센서 중 측정 범위, 응답 시간, 해상도, 가격, 센서 구입 방법 등을 고려하여 DHT22 센서를 선택하였다.

Bosch사에서 제작된 BME280은 온도, 습도, 기압을 측정할 수 있으며, **5장 기압 센서에서 설명**한다. BME680은 BME280보다 약간 비싸지만, 4in1 센서로 온도, 습도, 기압, VOC를 측정할 수 있다. BME680은 이 책에서 추가로 언급하지는 않는다.

그 외 Sensirion사에서 제작된 SHT20, SHT30, SHT31 등의 센서도 온습도를 측정할 수 있다. 다양한 간이측정기에서 사용될 정도로 매우 신뢰가 높은 센서지만, 센서 자체만으로는 사용하기 어려우며 여러 제조사에서 모듈로 제공되고 있다. 또한, 응답 시간이 8초라는 단점이 있다.

2 DHT22 센서란?

DHT22 온습도 센서는 AM2302 센서를 사용한다. 센서는 제품 생산 시 정확한 보정을 위해 챔버에서 온도와 습도를 보정하여 출시된다. 센서 내부의 마이컴이 센서가 감지되면 메모리에 저장된 보정 계수값을 사용, 정확한 온도와 습도 값을 제공하여 신뢰성과 안정성을 보장한다.

그림 3-3 DHT22 온습도 측정 센서

특징

DHT22 센서는 다음과 같은 특징이 있다.

- 전 범위 온도 보상
- 상대 습도 및 온도 측정
- 보정된 디지털 신호
- 오랜 기간 탁월한 안정성 보장
- 긴 전송 거리
- 저전력 소비

동작 원리

DHT22 센서는 정전용량 습도 감지 모듈, NTC 온도 센서, 센서 뒷면의 IC로 구성된다.

1 **온도 측정 원리**: 반도체 세라믹으로 이루어진 NTC 온도 센서(서미스터)를 사용한다. 서미스터는 온도에 따라 저항 값이 변하는 특성을 가진 소재다. 온도를 측정할 때 소재 저항 값의 변화를 감지해 온도를 출력한다.

2 **습도 측정 원리**: 정전용량 습도 센서는 습도에 따라 저항 값이 변한다. 습도 센서는 전극 2개와 가운데 수분 유지판(박막 폴리머)으로 구성되어 있다.

습도를 측정할 때, 상부 전극과 하부 전극 사이에 있는 저항 변화를 측정함으로써 공기 중 습도 변화를 감지할 수 있다. 저항 변화는 IC에 의해 측정 및 처리되어 아두이노로 측정값을 보내게 된다.

그림 3-4 DHT22 센서 동작 원리

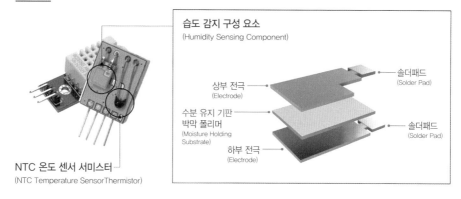

사양

DHT22는 온도 측정 범위는 −40~+80℃이고, 온도 정확도는 ±0.5℃, 습도 측정 범위는 0~100%, 습도 정확도는 ±2%다. 센서 사양은 다음과 같다.

표 3-3 DHT22 센서 사양[9]

모델명(Model Name)	DHT22(AM2302/CM2302)
대상(Target)	온도, 습도
출력 신호(Output Signal)	**디지털 신호(1-wire)**
센싱 방법(Sensing Element)	폴리머 습도 캐패시터(Polymer Humidity Capacitor)
동작 범위(Operating Range)	온도: −40~80℃, 습도: 0~100%(상대습도, R.H)
정확도(Accuracy)	온도: ±0.5℃, 습도: ±2%(최대 ±5%)
해상도(Resolution or Sensitivity)	온도: 0.1℃, 습도: 0.1%
반복 정밀도(Repeatability)	온도: ±0.2℃, 습도: ±1%
습도 히스테리시스(Humidity Hysteresis)	±0.3%
장기적인 안정성(Long-term Stability)	±0.5%/year
작동 전압(Power Supply)	3.3~5.5V

핀 배열

DHT22 센서는 총 4개의 PIN이 있지만, PIN2 SDA(Serial Data) 선을 이용해 온도와 습도를 측정한다. SDA 핀은 센서 데이터를 읽을 수 있도록 통신 타이밍에 맞춘 프로토콜을 사용한다. 센서에 사용되는 전압 범위 3.3V~5.5V이며, 권장 공급 전압은 5V다.

그림 3-5 DHT22 센서 핀 배열

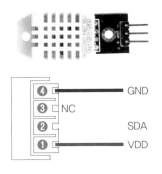

핀 번호	핀 이름	핀 설명
❹ PIN4	GND	-접지
❸ PIN3	NC	
❷ PIN2	SDA	직렬 데이터, 양방향 포트
❶ PIN1	VDD	+ 전원 (3.3~5.5V)

출력값

DHT22 센서는 디지털 데이터를 사용한다. 데이터 값 자체는 1 또는 0으로만 이루어져서 그 데이터 값들을 모아 실제 우리가 볼 수 있는 값으로 바꿔줘야 하는 방식이다.

데이터 선(SDA)은 1개이며, 아두이노 ↔ 센서 간에 데이터를 송수신한다.

그림 3-6 DHT22 센서 싱글 버스 통신 프로토콜[10]

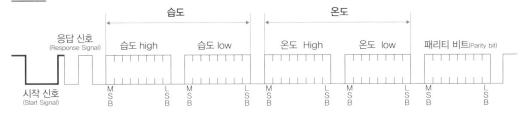

데이터는 [**습도 16bit + 온도 16bit + 체크섬 8bit**]으로 구성된다.

예) 0000 0010 1000 1100   0000 0001 0101 1111   1110 1110

1 | 습도는 16bit 바이너리 0000 0010 1000 1100을 프로그래머 계산기로 확인 시 DEC 652
로 변환된다. 상대 습도 RH는 652/10으로 나누면 65.2%로 값을 구할 수 있다.

2 | 온도는 16bit 바이너리 000 0001 0101 1111을 프로그래머 계산기로 확인 시 DEC 351
로 변환된다. 온도는 351/10으로 나누면 35.1℃로 값을 구할 수 있다.

주의 사항

DHT22 센서의 작동 조건을 최적으로 유지하고 값을 잘못 측정하지 않으려면 다음 조건에
주의해야 한다.

- DHT22 센서를 액체 안에 넣으면 안 된다. 물이나 다른 액체로 인해 센서가 수리 불가능
한 상태로 손상될 수 있다. 또한, 물방울과 안개는 꼭 피해야 한다. 이러한 환경은 습도
센서의 규격에 명시된 범위(0~100%)를 초과할 수 있다. 센서가 비정상적으로 작동한 다
음 다시 복구될 수 있지만 빠르게 노후할 가능성이 있다.
- 수족관, 냉장고, 에어컨, 다리미 등에 부착하여 사용하는 용도라면, 방수 온도 센서를 사
용해야 한다.
- 온도를 측정하는 경우, 설치 장소에 주의해야 한다. 열을 발생시키는 발열체(예: 난로 등)
근처나 공기의 흐름이 나쁜 좁은 밀폐된 공간에서는 정확한 측정값을 얻기 힘들 수 있다.
- 공기의 흐름이 많은 곳은 온도/습도 측정값이 정확하지 않을 수 있다.

3　센서 연결하기

DHT22 센서는 아두이노와 3개의 선(센서의 VCC, GND, SDA)으로 연결한다. 아두이노
는 D3 핀으로 센서의 측정값을 읽는다.

그림 3-7 DHT22 센서 연결도

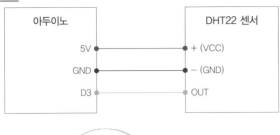

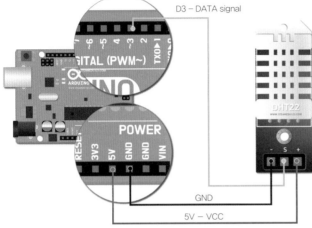

4 소프트웨어 코딩

Steamedu123_Sensor−master 〉 examples 폴더 내에 있는 예제 파일을 실행한다.

- 아두이노 파일: C301_Steam_Air_DHT22_TempHumidity.ino

그림 3-8 DHT22 센서 예제 파일

라이브러리를 객체화하고, begin(), read(), display() 함수를 사용하여 센서를 제어할 수 있다.

그림 3-9 DHT22 센서 코드 설명

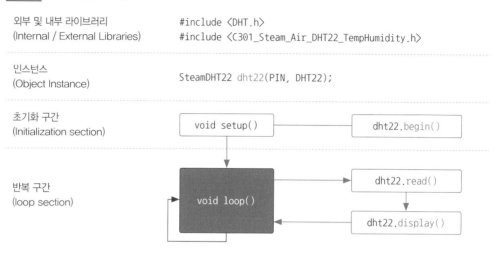

| 외부 및 내부 라이브러리
(Internal / External Libraries) | `#include <DHT.h>`
`#include <C301_Steam_Air_DHT22_TempHumidity.h>` |

인스턴스
(Object Instance)
`SteamDHT22 dht22(PIN, DHT22);`

초기화 구간
(Initialization section)

반복 구간
(loop section)

```
#include <C301_Steam_Air_DHT22_TempHumidity.h>  // 내부 라이브러리 헤더 파일
#define PIN 3

SteamDHT22 dht22(PIN, DHT22);  // 인스턴스, 핀 번호와 DHT22 타입을 입력한다.

void setup() {
  Serial.begin(9600);      // 9600bps의 속도로 시리얼 통신을 시작한다.
  dht22.begin();           // (1) 센서를 초기화한다.
}

void loop() {
  dht22.read();            // (2) 센서의 값을 측정한다.
  dht22.display();         // (3) 센서의 값을 출력한다.

  delay(1000);             // 1초 동안 대기한다.
}
```

5 센서 동작 확인

센서를 실행하면 다음과 같이 **아두이노-시리얼 모니터**에서 온도/습도 측정 수치와 상태를 확인할 수 있다.

그림 3-10 DHT22 센서 출력 화면

아두이노 IDE 시리얼 모니터로 센서 측정값만 출력이 되는데, 이 책에서는 출력값에 따라 센서의 상태를 표시하도록 하였다. 측정한 센서값을 4단계(좋음, 보통, 나쁨, 매우 나쁨)로 구분하여 공기질의 상태를 쉽게 알 수 있다. 예를 들어 온도가 27.6℃라면 보통(Normal)으로 표시하고, 습도가 58%라면 좋음(Good)으로 표시한다.

표 3-4 DHT22 센서의 온도/습도 4단계 상태

상태	온도	습도
좋음(Good)	22~26℃	40~60%
보통(Normal)	20~22℃, 26~28℃	30~40%, 60~70%
나쁨(Bad)	15~20℃, 28~31℃	20~30%, 70~80%
매우 나쁨(Very Bad)	~15℃, 31℃~	~20%, 80%~

참고문헌

[1] 국립환경과학원, 국민일일 시간활동 양상에 따른 개인노출 평가 연구, 2010

[2] Diel variation of formaldehyde levels and other VOCs in homes driven by temperature dependent infiltration and emission rates, Building and Environment, 2019

[3] 유복희, 신축 공동주택에서의 온도 및 습도 변화에 따른 VOC 및 포름알데히드 방산 관계성 규명, 대한건축학회 논문집, 383−391, 2010

[4] 기후변화센터, 기후변화에 대응하려면 어떻게 해야 할까?

[5] 환경부, 적정 실내 온/습도, 주택 실내 공기질 관리를 위한 매뉴얼, 12p, https://bit.ly/3jtTRdn

[6] BME280 Datasheet, https://bit.ly/339rL1h

[7] SHT20 Datasheet, https://bit.ly/2X96BfQ

[8] HDC1080 Datasheet, https://www.ti.com/product/HDC1080

[9] DHT22(AM2302) Datasheet, "Technical Specification", p1

[10] DHT22(AM2302) Datasheet, "Operating specifications", p3

302 MH-Z19B 이산화탄소 측정 센서

ARDUINO SENSORS FOR EVERYONE

1 이산화탄소

이산화탄소(carbon dioxide)는 무색, 무취의 비인화성 및 미산성 액화 가스다. 화학식은 CO_2, 몰질량 44.01g/mol의 기체로 공기보다 무겁고 물에 용해된다.

인체에 미치는 영향

이산화탄소는 사람이 숨만 쉬어도 발생한다. 공기청정기 효과를 높인다고 문과 창문을 꽉 닫으면 환기가 되지 않아, 미세먼지 농도는 감소해도 이산화탄소 농도가 올라간다. 공기청정기만 믿고 환기를 안 시키면 이산화탄소 농도 때문에, 오히려 인체에 나쁜 영향을 줄 수 있다[11].

환기 시설이 열악하거나 밀집된 실내 공간(예: 교실, 사무실, 침실, 에어컨이 가동되는 기차나 비행기 실내 등)에서는 이산화탄소 농도가 1,000ppm(parts per million)을 초과한다(미국 위스콘신대 연구 결과).

- 1,000ppm 상태에서는 건강 피해는 없지만 민감한 사람은 불쾌감을 느끼게 되며, 장시간 노출되면 인간의 사고 능력이 저하될 수 있다[12][13].
- 1,000~2,000ppm 상태에서는 공기가 탁하게 느껴지고 잠이 많아진다. 집중력이 떨어지고, 가벼운 두통이 발생한다.
- 2,000~5,000ppm 상태에 지속적으로 노출되면 머리가 아프고 잠이 많아지고 집중력이 떨어지며 심장 박동수가 빨라져 경미한 구토를 유발할 수 있다. 또한, 두통, 졸음, 주의력 상실, 심박수 증가, 메스꺼움 증상이 발생하고, 눈, 신경계통, 폐, 뇌 등에 영향을 미친다.
- 5,000ppm 이상인 상태에서는 호흡기, 순환기, 대뇌의 기능 저하, 호흡중추 자극, 호흡

깊이 및 회수 증가, 귀울림, 두통, 혈압 상승, 안면홍조, 의식 혼미 같은 증상이 나타날 수 있다. 영구적인 뇌 손상 또는 심각한 경우 사망까지 이를 수 있다.

실내 공간에는 자동차도 포함된다. 자동차처럼 밀폐된 좁은 공간에서는 사람의 호흡 때문에 이산화탄소 농도가 급격히 증가한다. 밀폐 공간 내 이산화탄소 농도가 2,000ppm을 초과하면 졸음운전 가능성이 높아지고, 5,000ppm을 초과할 경우 산소 부족으로 뇌 손상까지 이른다. 따라서 실내 공간에서는 주기적으로 환기를 시켜야 한다.

이산화탄소 기준 농도

「다중이용시설 등의 실내공기질관리법」[14]에서 이산화탄소 유지 기준 농도는 1000ppm 이하다. 유지 기준은 이에 맞게 시설을 관리하지 않을 경우는 과태료가 부과되는 강제 사항이다.

또한, 주요 국가의 실내 공기환경 기준[15]을 살펴보면, 미국(ASHRAE, 미국내동공조협회)[16]은 1,000ppm, 일본(건축기준법)은 1,000ppm, 싱가포르(실내 공기질 가이드라인 8시간 평균)는 1,000ppm, 유럽(WHO)은 920ppm을 기준으로 하고 있다.

간이측정기의 이산화탄소 측정 성능 비교

간이측정기의 성능을 비교해 보면 어떤 센서를 사용할지 판단하는 데 도움이 된다. 센서를 사용하기 이전에 기본적으로 시중에 유통되고 있는 측정기의 측정 범위, 출력 단위, 해상도(분해능)를 확인해야 한다. 일반적으로 간이측정기의 범위는 0~5,000ppm이다. 그 이상의 성능을 원하면 산업용을 사용해야 한다. 이산화탄소 간이측정기의 측정 범위와 해상도는 다음과 같다.

그림 3-11 간이측정기의 이산화탄소 측정 성능 비교

간이측정기에 사용되는 이산화탄소 센서

간이측정기에는 어떤 센서가 사용될까? 시중에 판매되는 간이측정기의 센서를 살펴보면 사용할 센서, 신뢰할 수 있는 센서를 선택하는 데 참고할 수 있다. 간이측정기에 사용되는 센서는 다음과 같다.

그림 3-12 간이측정기에 사용되는 이산화탄소 측정 센서

이산화탄소 간이측정기에는 Winsen MH-Z19B, SenseAir S8-0053, CUBIC CM1106, Telaire T6703 등의 센서가 많이 사용되는데, 간이측정기에 사용되는 센서의 측정 범위, 출력 신호, 가격 등을 비교해 보면 다음과 같다.

표 3-5 간이측정기에 사용되는 이산화탄소 측정 센서의 성능 비교

구분	MH-Z19B[17]	S8-0053[18]	CM1106[19]	T6703-5k[20]
측정 범위(ppm)	0~2,000 0~5,000 0~10,000(선택)	400~2,000 (0~10,000 확장)	0~5,000, (0~10,000 확장)	0~5,000
예열 시간 (Preheating Time)	3분	〈2분	〈30초	〈2분
응답 시간 (Response Time)	〈120초	〈120초	〈120초	〈180초
측정 오차 (Accuracy)	±50ppm+5%	±40ppm+3%	±50ppm+5%	±75ppm+10%
해상도(Resolution)	1 ppm	1 ppm	1 ppm	1 ppm
출력 신호 (Output Signal)	UART, PWM, DAC	UART, PWM	UART, PWM, I2C	UART, PWM, I2C

구분	MH-Z19B[17]	S8-0053[18]	CM1106[19]	T6703-5k[20]
작동 온도(Working Temperature)	-10~50℃	0~50℃	-10~50℃	-10~60℃
작동 습도(Working Humidity)	0~90%	0~85%	0~95%	0~95%
가격(Price)	US $16.47[21]	US $22.80[22]	US $34.78[23]	US $29.80[24]

※ 센서 가격(출처: aliexpress)은 판매회사 상황에 따라 변동될 수 있다.

이번 절에서는 0~5000ppm의 성능을 가진 MH-Z19B 센서를 설명한다. 물론 MH-Z19B 센서 외에도 다양한 센서가 있으니, 사용하는 목적과 상황에 따라 센서를 선택하기 바란다(추가 제공하는 센서 리스트 참고).

2 MH-Z19B 센서란?

Winsen사의 MH-Z19B 센서는 비분산 적외선 방식(NDIR)의 이산화탄소 측정 센서다. MH-Z19B 센서는 공기정화계통(HAVC), 실내공기질 모니터링, 스마트 가전, 학교, 에어 클리너 등에 사용할 수 있다.

그림 3-13 MH-Z19B 센서

특징

MH-Z19B 센서는 다음과 같은 특징이 있다.

- 외부는 금으로 도금하여 방수 및 부식을 방지
- 고감도, 저전력 소비, 높은 안정성
- 온도 보상, 우수한 선형 출력, 긴 수명
- 수증기 간섭 방지, 중독 방지
- 다중 출력 모드: UART, DAC, PWM

동작 원리

MH-Z19B 센서는 작은 크기의 센서로 NDIR(non-dispersive infrared) 원리를 이용하여 공기 중의 이산화탄소를 선별하고 검출한다.

NDIR은 측정 정확성이 높고 수명이 길어 가장 우수한 가스 검출 방식으로 평가되고 있다. 기존 고가의 계측기에서만 활용되던 NDIR 기술은 최근 NDIR 이산화탄소 센서가 개발되고, 이 센서의 대량 생산이 진행되면서 산업, 농업, 빌딩, 아파트에 이르기까지 다양하게 확대 적용되고 있다.

NDIR은 CO나 CO_2 등 가스상 오염 물질이 적외선(Infrared light)에 특정한 흡수 스펙트럼을 갖는 것을 이용해서 특정 성분의 농도를 구하는 방법이다. 즉, 센서는 이산화탄소가 흡수하는 주파수의 적외선을 쏘고 이산화탄소 분자에 흡수되지 않고 검출되는 적외선의 양을 측정한다.

NDIR은 특정 가스만 선택적으로 감지하기 때문에 정확도가 매우 높다. 예를 들어 H_2O는 1.4와 $1.9\mu m$, SO_2는 $4.0\mu m$, CO_2는 $4.3\mu m$, CO는 $4.7\mu m$, NO는 $5.3\mu m$ 파장에서 최대 흡수량을 보인다. 따라서 NDIR CO_2는 적외선 램프에서 방출된 $4.3\mu m$ 파장의 빛이 센서까지 도달하는 도중 가스 농도에 따라 흡수된 광량을 전기적 신호로 변환하여 측정한다. 참고로 CO_2, CO는 NDIR로 측정하도록 환경부 시험법 규정으로 명시하고 있다.

사양

MH−Z19B 센서는 0~2,000/5,000/10,000ppm을 측정할 수 있으며, 측정 정확도는 ±50ppm+5%이다. 센서 사양은 다음과 같다.

표 3-6 MH−Z19B 센서 사양[25]

모델명(Model Name)	MH−Z19B
대상 가스(Target Gas)	CO_2
측정 범위(Detection Range)	**0~2,000/5,000/10,000ppm(optional)**
예열 시간(Preheating Time)	3분
응답 시간(Response Time)	T90〈120초
출력 신호(Output Signal)	**UART, PWM, DAC**
작동 전압(Working Voltage)	4.5~5.5V
평균 소모 전류(Average Current)	〈20mA(@5V power supply)
최대 순간 전류(Peak Current)	150mA(@5V power supply)
인터페이스 전압(Interface Level)	3.3V(Compatible with 5V)
작동 온도(Working Temperature)	−10~50℃
작동 습도(Working Humidity)	0~90%(No condensation)
무게(Weight)	5g
수명(Lifespan)	〉5년

핀 배열

센서는 총 7개의 PIN으로 구성된다. 센서는 '핀 연결 방식'과 '터미널 연결 방식'이 있다. 연결 방식에 따라 아두이노와 연결하는 핀의 위치가 달라지며, 연결할 때 핀 배열 위치를 확인해야 한다.

이번 절에서는 '핀 연결 방식'을 사용한다. UART 핀은 TX(PIN6), RX(PIN5)를 사용한다. PWM 핀은 PIN7을 사용한다.

그림 3-14 MH-Z19B 센서 핀 배열[26]

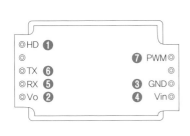

핀	설명
❶ PIN1	HD(영점 조정)
❷ PIN2	Vo(아날로그 출력(0.4~2V))
❸ PIN3	GND
❹ PIN4	Vin(4.5~5.5V)
❺ PIN5	UART (RXD) – TTL Level data input
❻ PIN6	UART (TXD) – TTL Level data output
❼ PIN7	PWM

출력값

MH-Z19B 센서는 UART, PWM, DAC 3가지 종류의 출력값을 아두이노에 전송할 수 있다. 센서와 1:1 통신으로 아두이노에서 테스트를 진행한다면 통신 방식은 중요하지 않다. 하지만 여러 개의 센서를 연결하거나 복잡한 통신을 제어할 때는 반드시 통신 방식도 함께 고려해야 한다.

표 3-7 MH-Z19B 센서 출력 방식

	Serial Port (UART) (TTL level 3.3V)
출력 신호(Output signal)	PWM
	Analog output(DAC) (default 0.4~2V) (0~3V range could be customized)

[센서 영점 보정: Zero Point Calibration]

MH-Z19B 센서는 싱글 타입으로 구성되어 있다. NDIR은 싱글 타입(Single Wavelength)과 듀얼 타입(Dual Wavelength)이 있는데 싱글 타입은 가격이 저렴하고, 센서의 램프, 전원, 증폭기 등 장기 사용에 따른 경시변화(시간의 경과됨에 따라 변질 등)나 외부온도에 의한 영향으로 시간이 지나면 오차가 커지므로 주기적인 보정이 필요하다. 듀얼 타입은 가장 안정되고 별도 보정 없이 장기간 정밀도 유지가 가능하지만 가격이 비싸다.

MH-Z19B 센서 모듈에는 세 가지 보정 방법이 있다. 모든 영점의 기준 값은 400ppm이다.

1 | 수동 영점 조정(Hand-Operated Method)

- 센서는 20분 이상 안정적인 가스 환경(400ppm)에서 작동해야 한다.
- 센서를 열린 창가에 두고 보정할 수 있다. 실외 대기 농도는 400~410ppm 수준이다.
- HD 핀을 7초 이상 로우 레벨(0V)에 연결시켜 400ppm으로 설정한다.

2 | 명령어 영점 조정(Sending Command Method)

- 직렬 포트(URAT)를 통해 교정 명령을 센서에 전송하여 영점 및 동작 범위(SPAN) 포인트 교정을 수행한다.
- 센서는 20분 이상 안정적인 가스 환경(400ppm)에서 작동해야 한다.

3 | 자동 영점 조정(Self-Calibration Method)

- 24시간마다 영점을 자동으로 보정하는 기능이 기본으로 켜져 있다.
- 24시간 동안 가장 낮게 측정된 농도를 410ppm으로 자동 영점 조정한다.
- 환기가 잘 안 되는 밀폐된 공간에서는 영점이 크게 틀어진다.
- 사무실과 가정 환경에 적합하다.

주의 사항

센서의 작동 조건을 최적으로 유지하고 값을 잘못 측정하지 않으려면 다음 조건에 주의해야 한다.

- 설치 및 사용 중에 도금된 센서의 플라스틱 챔버에 어느 방향으로든 압력을 가하면 안 된다.
- 정상 작동을 보장하는 전원 공급 장치의 범위는 4.5~5.5V다. 전원 전류는 150mA 이상이다. 이 범위를 벗어나면 센서가 고장 난다. 즉, 범위 내 전원 및 전류를 사용하지 않으면 센서 농도 출력이 낮거나 정상적으로 작동하지 않는다.

3 센서 연결하기

MH-Z19B 센서는 UART, PWM, DAC의 3가지 인터페이스를 제공한다. 사용 목적에 따라 인터페이스 방법을 결정할 수 있다. 이 절에서는 PWM 연결을 설명한다.

센서의 PWM은 아두이노와 3개의 선으로 연결할 수 있다. PWM으로 전송되는 신호값을 이용해 이산화탄소의 값을 측정할 수 있다.

그림 3-15 MH-Z19B 센서 연결도(PWM)

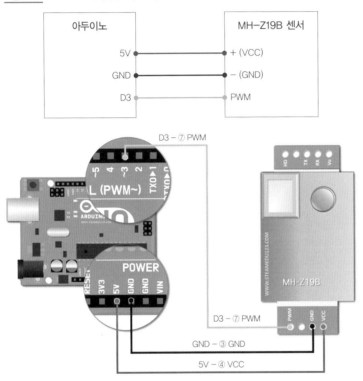

4 소프트웨어 코딩

Steamedu123_Sensor-master 〉 examples 폴더 내에 있는 예제 파일을 실행한다.

UART 인터페이스

- 아두이노 파일: C302_Steam_Air_MH-Z19B_CO2_PWM.ino

그림 3-16 MH-Z19B 센서 예제 파일

PWM 라이브러리를 객체화하고, begin( ), read( ), display( ) 함수를 사용하여 센서를 제어할 수 있다.

그림 3-17 MH-Z19B 센서 코드 설명

외부 및 내부 라이브러리
(Internal / External Libraries)
```
#include <MHZ19PWM.h>
#include <C302_Steam_Air_MH-Z19B_CO2_PWM.h>
```

인스턴스
(Object Instance)
```
SteamMHZ19BPWM mhz19b_pwm(pwmPin);
```

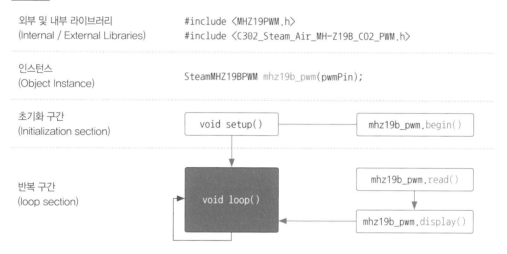

```
#include <C302_Steam_Air_MH-Z19B_CO2_PWM.h>    // 내부 라이브러리 헤더 파일

#define pwmPin 3

SteamMHZ19BPWM mhz19b_pwm(pwmPin);    // 인스턴스, 핀 번호를 입력한다.
```

```
void setup() {
  Serial.begin(115200);       // 115200bps의 속도로 시리얼 통신을 시작한다.
  mhz19b_pwm.begin();         // (1) 센서를 초기화한다.
}

void loop() {
  mhz19b_pwm.read();          // (2) 센서의 값을 측정한다.
  mhz19b_pwm.display();       // (3) 센서의 값을 출력한다.
  delay(5000);                // 5초 동안 대기한다.
}
```

5 센서 동작 확인

센서를 실행하면 다음과 같이 **아두이노-시리얼 모니터**에서 이산화탄소 측정 수치와 상태를 확
인할 수 있다. 이때 시리얼 모니터의 보드레이트(baud rate)를 115200으로 설정한다. 보드
레이트가 맞지 않으면 글자가 깨져서 출력된다.

그림 3-18 MH-Z19B 센서 출력 화면

아두이노 IDE 시리얼 모니터로 센서 측정값을 출력하고, 출력값에 따라 센서의 상태를 표시하도록 했다. 측정한 센서값을 4단계(좋음, 보통, 나쁨, 매우 나쁨)로 구분하면 쉽게 공기질의 상태를 알 수 있다. 예를 들어 이산화탄소 농도값이 700ppm보다 적으면 좋음(Good)이다.

표 3-8 MH-Z19B 센서의 이산화탄소 공기질 상태에 따른 4단계 표시 기준 및 상태

	좋음(Good)	보통(Normal)	나쁨(Bad)	매우 나쁨(Very Bad)
범위	~700ppm	701~1000ppm	1001~2000ppm	2000ppm~

사용한 MH-Z19B 센서의 출력 동작 4단계 기준은 각 제조사별로 간이측정기 4단계 기준과 국내법령, 미국 질병통제예방센터, 미국 노동부, ASHRAE, 호주 SWA 등 측정 기준을 결합하여 구분하였다.

표 3-9 제조사별 간이측정기 4단계 기준 비교

구분	좋음	보통	나쁨	매우 나쁨
휴마아이 HI-150A[27]	400~700	701~1,000	1,001~2,000	2,001~10,000
코아미세 S4[28]	~700	701~1,000	1,001~2,000	2,001~
코아미세 B36[29]	400~700	701~1,000	1,001~2,000	2,001~10,000
Lisa Home IAQM3000[30]	~650	651~1,000	1,001~2,000	2,001~
썬에어케어 SAC-02[31]	~1,000	1,001~2,000	2,001~3,000	3,001~
에어람(Airam) SAP-500H[32]	400~500	501~1,000	1,001~2,000	2,001~

단위: ppm

참고문헌

[11] Jacobson, T. A. et al. Direct human health risks of increased atmospheric carbon dioxide. Nat. Sustain. 2, 691‒701 (2019).

[12] 한국실내공기-산소연구회, 실내공기와 건강, 신광문화사, 2004 / 차동원, 집 안에서 만나는 환경 이야기, 지성사, 2007

[13] 안순보, 대기 오염이 인체에 미치는 영향에 관한 연구, 국내석사학위논문 광운대학교, 2005

[14] 실내공기질 관리법, [별표2] 실내공기질 유지기준(제3조 관련) [시행 2020. 4. 3.] https://bit. ly/2PjMWpl

[15] 이윤규, 실내공기환경 관련기준의 국제적 연구동향, 건설기술정보, 1996

[16] ASHRAE Standard, Ventilation for Acceptable Indoor Air Quality, 2016

[17] MH-Z19B Datasheet, https://bit.ly/3oTxdgZ

[18] S8-0053 Datasheet, https://bit.ly/3384pck

[19] CM1106 Datasheet, https://bit.ly/2XaDYyX

[20] T6703 Datasheet, https://bit.ly/2D1sNSf

[21] 알리익스프레스, MH-Z19B CO2 Sensor, https://bit.ly/30sQfRh

[22] 알리익스프레스, S8-0053 CO2 Sensor, https://bit.ly/2Xy8OBY

[23] 알리익스프레스, CM1106 CO2 Sensor https://bit.ly/2DCYnFQ

[24] 알리익스프레스, T6703 CO2 Sensor, https://bit.ly/31lfggv

[25] MH-Z19B Datasheet, "Main Parameters", p5

[26] MH-Z19B Datasheet, "Terminal Connection type", p4

[27] 휴마아이(HI-150A) http://humatech.co.kr/bbs/content.php?co_id=cont_020202

[28] 코아미세 S4, https://koamise.com/product?type=s4

[29] 코아미세 B36, https://bit.ly/3syPfHt

[30] Lisa Home IAQM3000, http://www.lisaair.com/v1/product/lisa

[31] 썬에어케어 SAC-02, https://bit.ly/3i7WTm5

[32] 에어람(Airam) SAP-500H, http://airam.co.kr/gold

303 ZE08-CH2O 포름알데히드 측정 센서

ARDUINO SENSORS FOR EVERYONE

1 포름알데히드

포름알데히드(formaldehyde, HCHO)는 자극성이 강한 냄새를 띤 기체상 화학물질이다. 분자식은 CH_2O, 화학식은 HCHO, 몰질량은 30.031g/mol이다.

포름알데히드는 IARC(국제 암 연구 기관, International Agency for Research on Cancer)에서 1급 발암물질로 분류하고 있다[33]. 강한 자극성 냄새를 가진 무색 투명한 기체로 살균제, 방부제, 건물에 사용되는 단열재, 접착제 등에 사용되어 가구, 바닥재, 페인트, 방부제, 목제, 생활용품 등 일상에서 접하기 쉽다. 새집증후군, 빌딩증후군의 원인에 해당하는 대표적인 실내 오염 물질이다.

인체에 미치는 영향

포름알데히드는 인체에 대한 독성이 매우 강하다. 호흡 및 피부를 통해 인체로 유입되며, 흡수보다는 흡입에 의한 독성이 강한 것으로 알려졌다. 단기간 노출되었을 경우에는 눈, 코, 목에 자극 증상을 보이고, 장기간 노출되었을 경우에는 기침, 설사, 어지러움, 구토, 피부 질환 등을 일으킨다. 오랫동안 포름알데히드에 노출된 사람은 구강암과 다발성 골수증, 비강암이 걸릴 확률이 높다고 보고되었다[34][35].

미국 환경보호청(EPA)의 '실내 공기질과 학생의 학업실적' 연구에 따르면, 나쁜 실내 공기질은 학생들의 학업성적을 떨어트린다. 집중력, 계산 능력, 기억력 등을 직접적으로 감소시키고[36], 인지 능력도 떨어뜨린다[37]. 또한, 도리스 라프(Doris J. Rapp, M.D.)의 실험 결과에 따르면[38] 실내 환경, 실내 공기질이 어린이의 학습능력, 인지능력 등에 영향을 미친다고 하니, 이사하거나 새 가구를 들여놓거나 인테리어를 새롭게 한 후에는 아이 상태를 잘 관찰해야 한다.

포름알데히드 기준 농도

「다중이용시설 등의 실내공기질관리법」[39]에서 포름알데히드 유지 기준 농도는 0.08ppm(100ug/m³)이다.

포름알데히드의 농도에 따라 인체에 미치는 영향을 보면, 0.1ppm 이하의 경우에는 눈, 코, 목에 자극이 오고, 0.25~0.5ppm의 경우에는 호흡기 장애와 천식이 있는 사람에게는 심한 천식발작을 일으킬 수 있다. 2~5ppm의 경우에는 눈물이 나며 심한 고통을 느끼게 된다. 포름알데히드 측정기의 상한치인 50ppm 이상의 경우에는 폐에 염증과 더불어 현기증, 구토, 설사, 경련과 같은 급성 중독 증상을 일으킬 수 있고, 심한 경우에는 독성 폐기종으로 사망할 수 있다[40][41].

간이측정기의 포름알데히드 측정 성능 비교

간이측정기의 성능을 비교해 보면 어떤 센서를 사용할지 판단하는 데 도움이 된다. 센서를 사용하기 이전에 기본적으로 시중에 유통되는 측정기의 측정 범위, 출력 단위, 해상도(분해능)를 확인해야 한다. 일반적으로 간이측정기의 범위는 0~5ppm이다. 그 이상의 성능을 원한다면 산업용을 사용해야 한다. 포름알데히드 간이측정기의 측정 범위와 해상도는 다음과 같다.

그림 3-19 간이측정기의 포름알데히드 측정 성능 비교

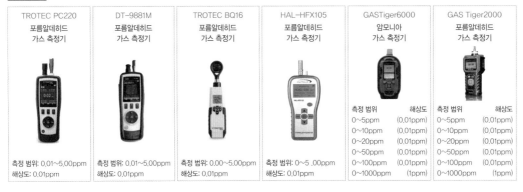

TROTEC PC220 포름알데히드 가스 측정기	DT-9881M 포름알데히드 가스 측정기	TROTEC BQ16 포름알데히드 가스 측정기	HAL-HFX105 포름알데히드 가스 측정기	GASTiger6000 암모니아 가스 측정기	GAS Tiger2000 포름알데히드 가스 측정기
측정 범위: 0.01~5.00ppm 해상도: 0.01ppm	측정 범위: 0.01~5.00ppm 해상도: 0.01ppm	측정 범위: 0.00~5.00ppm 해상도: 0.01ppm	측정 범위: 0~5.00ppm 해상도: 0.01ppm	측정 범위 / 해상도: 0~5ppm (0.01ppm), 0~10ppm (0.01ppm), 0~20ppm (0.01ppm), 0~50ppm (0.01ppm), 0~100ppm (0.01ppm), 0~1000ppm (1ppm)	측정 범위 / 해상도: 0~5ppm (0.01ppm), 0~10ppm (0.01ppm), 0~20ppm (0.01ppm), 0~50ppm (0.01ppm), 0~100ppm (0.01ppm), 0~1000ppm (1ppm)

간이측정기에 사용되는 포름알데히드 센서

간이측정기에는 어떤 센서가 사용될까? 시중에 판매되는 간이측정기의 센서를 살펴보면 사용할 센서, 신뢰할 수 있는 센서를 선택하는 데 참고할 수 있다. 간이측정기에 사용되는 센서는 다음과 같다.

그림 3-20 간이측정기에 사용되는 포름알데히드 측정 센서

포름알데히드 간이측정기에는 Winsen ZE08-CH2O, DART WZ-S, DART 2-FE5 등의 센서가 많이 사용되는데, 간이측정기에 사용되는 센서의 측정 범위, 예열 시간, 응답 시간, 해상도, 출력 신호, 작동 온도/습도, 가격에 대한 비교는 다음과 같다.

표 3-10 간이측정기에 사용되는 포름알데히드 측정 센서의 성능 비교

구분	ZE08-CH2O[42]	DART WZ-S[43]	DART 2-FE5[44]
측정 범위(Detect Range)	0~5ppm	0~2ppm	0~2ppm
예열 시간(Preheating Time)	3분	3분	3분
응답 시간(Response Time)	<60초	<40초	<30초
해상도(Resolution)	<0.01ppm	<0.001ppm	<0.01ppm
출력 신호(Output Signal)	UART, PWM, DAC	UART	ADC
작동 온도(Working Temperature)	0~50℃	20~50℃	-10~40℃
작동 습도(Working Humidity)	15~90%	10~90%	15~90%
가격(Price)	US $12.64[45]	US $25.76[46]	US $19(£9.99)[47]

※ 센서 가격(출처: aliexpress)은 판매회사 상황에 따라 변동될 수 있다.

이번 절에서는 다양한 센서 중 0~5ppm의 성능을 가진 ZE08-CH2O 센서를 설명한다. 물론 ZE08-CH2O 센서 외에도 다양한 센서가 있으니, 사용하는 목적과 상황에 따라 센서를 선택하기 바란다(추가 제공하는 센서 리스트 참고).

2 ZE08-CH2O 센서란?

ZE08-CH2O 센서는 포름알데히드를 검출할 수 있는 가스 센서다. 전기화학원리를 이용해 공기 중의 포름알데히드를 검출한다. 또한 온도 센서가 내장되어 있어 센서값을 보정한다. 출력은 아날로그 출력과 디지털 UART 출력이 있다.

그림 3-21 ZE08-CH2O 포름알데히드 측정 센서

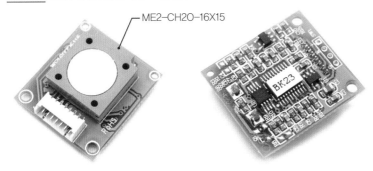

ME2-CH2O-16X15

특징

ZE08-CH2O 센서는 다음과 같은 특징이 있다.

- 저전력 소비, 고감도 및 고해상도 0.01ppm
- UART / DAC(Analog Voltage) / PWM 출력
- 높은 안정성: 외부에 대한 간섭(충격, 온도, 화학물질 등)에 대한 안정적인 성능 제공
- 자동 온도 보상, 우수한 선형 출력
- 넓은 입력 전압(3.3~6V)

동작 원리

ZE08-CH2O 센서는 ME2-CH2O-16X15와 STMicroelectronics사의 32-bit ARM Cortex-M 프로세서를 사용하며, 전기화학식으로 공기 중의 포름알데히드를 측정한다. 전기화학식 센서는 내장된 전극의 작용에 의해 포름알데히드가 산소와 결합하는 산화 반응 또는 산소를 잃고 수소를 얻는 환원 반응을 일으킬 때 발생하는 전자의 양(전류)을 측정함으로써 가스 농도를 검출하는 원리다.

전기화학식 센서는 특정 가스에 반응하기 때문에 다양한 안전 분야에서 HCHO, CO, H_2S, Cl_2, SO_2 등 유독성 가스를 검출하는 데 사용한다.

사양

ZE08-CH2O의 센서는 측정 범위 0~5ppm, 해상도 ≤0.01ppm이다. 센서 사양은 다음과 같다.

표 3-11 ZE08-CH2O 센서 사양[48]

모델명(Model Name)	ZE08-CH2O
대상 가스(Target Gas)	포름알데히드
간섭 가스(Interference Gas)	알코올(Alcohol), 일산화탄소(CO), 기타 가스
측정 범위(Detection Range)	**0~5ppm**
해상도(Resolution)	≤0.01ppm
예열 시간(Warm up Time)	≤3분
응답 시간(Response Time)	≤60초
재개 시간(Resume Time)	≤60초
출력 신호(Output Signal)	**UART**(3V Electrical Level) **DAC**(0.4~2V Standard Voltage output))
작동 전압(Working Voltage)	3.7~9V(전압 역방향 연결 보호 회로)
작동 온도(Working Temperature)	0~50℃
작동 습도(Working Humidity)	15~90%(결로 없음)
보관 온도(Storage Temperature)	0~50℃
수명(Working Life)	2년(in air)

핀 배열

ZE08-CH2O 센서는 총 7개의 PIN으로 구성된다. PIN2(DAC), PIN7(PWM), PIN5, PIN6(UART)이다. PIN1은 센서를 보정할 때 사용된다. PIN4는 전원을 공급하는 핀이다.

그림 3-22 ZE08-CH2O 센서 핀 배열[49]

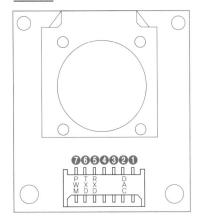

핀	설명
PIN1	HD(영점 조정, 공장 초기화)
PIN2	DAC(0.4~2V, 0~5ppm)
PIN3	GND
PIN4	Vin(Voltage Input 3.7~9V)
PIN5	UART(RXD) 0~3.3V data input
PIN6	UART(TXD) 0~3.3V data output
PIN7	PWM

출력값

ZE08-CH2O 센서는 DAC, UART, PWM의 3가지 출력을 제공한다. 보다 정확하고 안정적인 출력값을 얻으려면 UART 모드를 사용하는 것이 좋다. 전원을 켰을 때 센서에서 UART에 대한 데이터가 없는 경우는 센서 모듈이 초기화를 진행하는 상태로 약간의 시간이 필요하며, 전원이 켜질 때 3분 이내에 신호를 보내게 된다. 다만 PMS7003과 같이 시리얼을 사용하는 센서와 결합하여 사용할 경우 DAC를 사용하면 인터페이스 충돌을 피할 수 있다.

ZE08-CH2O 센서의 포름알데히드 측정값의 출력 단위는 ppm이다. 포름알데히드 수치는 국가별, 기간별, 간이측정기마다 ppm, ppb, mg/m^3, $\mu g/m^3$로 각각 다르게 사용되고 있다. 따라서 센서를 사용할 때는 출력되는 값의 단위를 확인해야 한다.

그림 3-23 휴대용 간이측정기

주의 사항

센서의 작동 조건을 최적으로 유지하고 값을 잘못 측정하지 않으려면 다음 사항에 주의해야
한다.

- 센서를 사용할 때는 센서의 외벽에 있는 백색 감지 필름을 만지면 안 된다.
- 처음 사용할 때 센서를 적어도 3분 동안 초기화해야 한다. 주방을 사용하지 않고 12시간
  이상 창문을 닫은 밀폐 공간에서 측정할 것을 권장한다. 상대적으로 실내 공기의 이동이
  없는 안정된 환경에서 포름알데히드 측정값을 정확히 확인할 수 있다. 온도가 너무 낮거
  나 너무 높지 않은 실외에서 포름알데히드를 측정할 경우 포름알데히드 수치는 0에 가까
  운 값을 나타낸다. 실외에서는 0에 가까운 값이 정상이며 그 외 수치가 나올 경우 센서 고
  장을 의심해야 한다.
- 센서는 유기용제, 코팅제, 의약품, 오일 및 고농도 가스를 피해야 한다. 전기화학식 센서
  는 전기가 통하는 측정 화학 분자식으로 사용된다. 포름알데히드와 같은 화학분자식은
  모두 센서에 영향을 줄 수 있으며, 알코올, 향수, 화장품, 간장, 식초, 가글, 향이 강한 화
  장품, 주방에서 사용하는 가스레인지를 이용하여 음식을 만들 때 센서의 측정 수치에 영
  향을 줄 수 있다.

3 센서 연결하기

ZE08−CH2O 센서와 아두이노는 UART, DAC, PWM으로 연결할 수 있다. 이번 절에서는 간단히 연결할 수 있는 DAC 방법을 설명한다. DAC는 아두이노와 3개의 선으로 연결할 수 있다. DAC로 전송되는 신호 값을 이용해 포름알데히드의 값을 측정할 수 있다.

그림 3-24 ZE08−CH2O 센서 연결도(DAC)

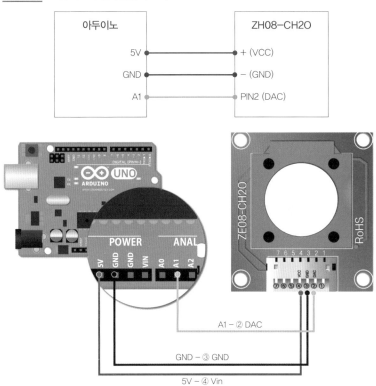

4 소프트웨어 코딩

Steamedu123_Sensor−master 〉 examples 폴더 내에 있는 예제 파일을 실행한다.

- 아두이노 파일: C303_Steam_Air_ZE08−CH2O_HCHO_DAC.ino

그림 3-25 ZE08-CH2O 센서 예제 파일

라이브러리를 객체화하고 begin( ), read( ), display( ) 함수를 사용하여 센서를 제어할 수 있다.

그림 3-26 ZE08-CH2O 센서 코드 설명

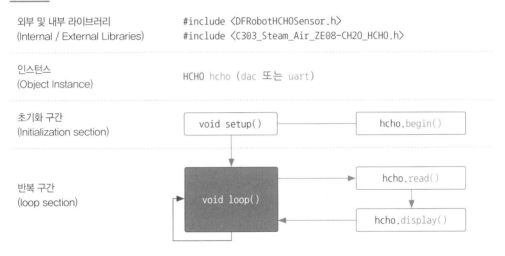

```
#include <C303_Steam_Air_ZE08-CH2O_HCHO.h>     // 내부 라이브러리 헤더 파일


SteamZE08CH2O hcho(A1);   // dac::인스턴스, 핀 번호를 입력한다.


void setup() {
  Serial.begin(9600);    // 9600bps의 속도로 시리얼 통신을 시작한다.
  hcho.begin();          // (1) 센서를 초기화한다.
}


void loop() {
```

```
    hcho.read();            // (2) 센서의 값을 측정한다.
    hcho.display();         // (3) 센서의 값을 출력한다.
    delay(1000);            // 1초 동안 대기한다.
}
```

5 센서 동작 확인

ZE08-CH2O 센서를 실행하면 다음과 같이 **아두이노-시리얼 모니터**에서 포름알데히드 측정
수치와 상태를 확인할 수 있다.

그림 3-27 ZE08-CH2O 센서 출력 화면

아두이노 IDE 시리얼 모니터로 센서 측정값을 출력하고, 출력값에 따라 센서의 상태를 표
시한다. 쉽게 공기질의 상태를 알 수 있도록 측정한 센서값은 4단계(좋음, 보통, 나쁨, 매우
나쁨)로 구분하였다.

간이측정기 및 국내 법령에서 측정값은 μg/㎥ 또는 mg/㎥로 표시된다. 하지만 ZE08-
CH2O 센서는 ppm 단위로 출력한다. mg/㎥ 단위를 사용하기 위해서는 ppm을 mg/㎥로 변
환해야 한다.

이 절의 소스 코드에서 사용하는 센서 4단계는 센서의 출력값 ppm을 기준으로 구성하였다. 예를 들어 포름알데히드 농도 값이 0.03ppm이면 좋음(Good)이다.

이해를 돕기 위해 $\mu g/m^3$와 $\mu g/m^3$를 함께 표시하면 다음과 같다.

표 3-12 ZE08-CH2O 센서의 포름알데히드 공기질 4단계 표시 기준 및 상태

구분	좋음(Good)	보통(Normal)	나쁨(Bad)	매우 나쁨(Very Bad)
범위	0~0.08ppm	0.08~0.49ppm	0.49~0.98ppm	0.98ppm~
	0~100$\mu g/m^3$	100~600$\mu g/m^3$	600~1,200$\mu g/m^3$	1,201$\mu g/m^3$~

센서의 출력 동작 4단계 기준은 각 제조사별로 간이측정기 4단계 기준과 국내 법령 측정 기준을 결합하여 구분하였다.

표 3-13 제조사별 간이측정기 4단계 기준 비교

구분	좋음	보통	나쁨	매우 나쁨
코아레스 S4[50]	0~0.08ppm[51]	0.08~0.49ppm	0.49~0.98ppm	0.98ppm~
	0~100$\mu g/m^3$	100~600$\mu g/m^3$	600~1,200$\mu g/m^3$	1,201$\mu g/m^3$~
B36	0~0.08ppm	0.08~0.49ppm	0.49~0.98ppm	0.98ppm~
	0~100$\mu g/m^3$	100~600$\mu g/m^3$	600~1,200$\mu g/m^3$	1,201$\mu g/m^3$~
JSM-131SE	0~0.08ppm	0.08~0.16ppm	0.16~0.81ppm	0.82ppm~
	0~100$\mu g/m^3$	101~200$\mu g/m^3$	201~1,000$\mu g/m^3$	1,001$\mu g/m^3$~
DM106C[52]	0~0.08ppm	0.08~0.41ppm	0.41~0.81ppm	0.82ppm~
	0~100$\mu g/m^3$ (AQI 1,2)	101~500$\mu g/m^3$ (AQI 3,4)	501~1,000$\mu g/m^3$ (AQI 5)	1,001$\mu g/m^3$~ (AQI 6)

참고문헌

[33] IARC, IARC Monographs on the Evaluation of Carcinogenic Risks to Humans, Volume 88 Formaldehyde, 2-Butoxyethanol and 1-tert-Butoxypropan-2-ol, 2006

[34] 김수근, 직업성 암 관련 정보의 배포 및 확산을 위한 웹기반 통합 정보 시스템 개발(직건). [공공저작물 연계] 한국산업안전보건공단 발간자료, 2014

[35] Schenker, M. B. and Weiss, S. T., International Symposiumon Indoor Air Pollution, Health and Energy Conservation, Amherst, MA, 1981

[36] EAP, Indoor Air Quality Student performance(2003), https://bit.ly/2XHlmqB

[37] 김대섭, 김선주, 박시영, 전만중, 김규태, 김창윤, 정종학, 백성옥, 사공준, 신축학교 실내공기질이 초등학생들의 인지기능에 미치는 영향, 대한직업환경의학회지, 19(1), 65-72, 2007

[38] Doris J. Rapp, Is This Your Child's World?: How You Can Fix the Schools and Homes That Are Making Your Children Sick Paperback, 1997

[39] 실내공기질 관리법, [별표2] 실내공기질 유지기준(제3조 관련) [시행 2020. 4. 3.] https://bit.ly/2PjMWpl

[40] 국립환경연구원, 전국 신축공동주택 실내공기질 실태조사, 2004

[41] 박상범, 대나무숯 이용 친환경 건자재, 국집 산림과학원 목재가공과, 2007

[42] ZE08-CH2O Datasheet, https://bit.ly/3nUHMPx

[43] DART WZ-S Datasheet, https://bit.ly/2LUpfp7

[44] DART 2-FE5 Datasheet, https://bit.ly/2KuI2XS

[45] 알리익스프레스, ZE08-CH2O, https://ko.aliexpress.com/item/-/32840605337.html

[46] 알리익스프레스, DART WZ-S, https://www.aliexpress.com/item/-/4000480105615.html

[47] 알리익스프레스, DART 2-FE5, https://ko.aliexpress.com/item/-/33059434985.html

[48] ZE08-CH2O V1.0 Datasheet, "Technical Parameters", p3

[49] ZE08-CH2O V1.0 Datasheet, "Pin Description", p4

[50] 코아미세 S4, https://koamise.com/product?type=s4

[51] MG/M3 TO PPM, https://bit.ly/3bPkiIX

[52] 아마존, DM106C, https://amzn.to/3rUQlwe

304 CCS811 TVOC 측정 센서

ARDUINO SENSORS FOR EVERYONE

1 TVOC

TVOC란 VOCs를 통틀어 말한다.

TOTAL VOCs = 총 휘발성 유기화합물

VOCs(Volatile Organic Compounds, 휘발성 유기화합물)[53][54]에 해당하는 물질은 수천 종류로, 실내환경에서는 900여 가지가 확인[55]되며 대표적으로 벤젠, 톨루엔, 자일렌, 에틸렌, 스틸렌, 아세트알데히드, 1,2-디클로로에탄, 사염화탄소, 테트라클로로에틸렌 등이 있다. 국내에서는 대기환경보전법 제2조 제10호에 따라 관리대상 휘발성 유기화합물을 37가지로 고시[56]하고 있다.

- 37가지 VOCs 물질: 아세트알데히드, 아세틸렌, 아세틸렌 디클로라이드, 아크릴로니트릴, 벤젠, 1,3-부타디엔, 부탄, 1-부텐, 2-부텐, 사염화탄소, 클로로포름, 사이클로헥산, 1,2-디클로로에탄, 디에틸아민, 디메틸아민, 에틸렌, 포름알데히드, n-헥산, 이소프로필 알콜, 메탄올, 메틸에틸케톤, 메틸렌클로라이드, 엠티비이(MTBE), 프로필렌, 프로필렌옥사이드, 1,1,1-트리클로로에탄, 트리클로로에탄, 휘발유, 납사, 원유, 아세트산(초산), 에틸벤젠, 니트로벤젠, 톨루엔, 테트라 클로로에틸렌, 자일렌(o-, m-, p- 포함), 스틸렌

표시 단위는 μg, mg, ppb, ppm 등이다. $1mg$은 $1,000\mu g$, 1ppm은 1,000ppb이다.

인체에 미치는 영향

TVOC는 유형(독성 정도), 농도, 노출 시간에 따라 인체에 나쁜 영향을 미친다. 발암성을 지니고 있고, 피부 접촉이나 호흡기 흡입을 통해 신경계 장애를 발생시킨다.

그림 3-28 대표적인 VOCs가 인체에 미치는 영향

VOCs	인체에 미치는 영향	배출원
벤젠	호흡곤란, 혼수상태, 빈혈, 백혈병, 골수손상, 중추 신경계 활동 저하	연기, 세척 및 청소 용품, 페인트, 접착제, 파티클 보드, 흡연, 자동차 배기가스
에틸벤젠	현기증, 무기력, 신체마비, 중추신경계 계통의 기능 저하가 일어남	가구 광택제, 페인트, 바닥 왁스, 전기용품
톨루엔	간, 신장 및 중추 신경계 손상을 유발, 피부염, 우울증, 기관지염, 두통, 피로, 균형감각 상실, 신체마비, 의식상실, 사망	페인트, 접착제, 난방기구, 카펫, 단열재, 왁스 코팅제
자일렌	현기증, 멀미 구토, 감각 상실, 피부종, 성장 장애, 태아 독성, 임신 독성	카펫, 코팅제, 염료 착색제
스틸렌	시력감퇴, 호흡기 장애, 신경 및 간 장애, 기관지 장애, 중추신경계 위축	담배연기, 코팅제, 발포형 단열재, 섬유형 보드

TVOC 기준 농도

VOCs에 해당하는 물질은 위험하고 해로운 성질에 따라 기준치가 각각 다르다[57]. 그렇다고 수백 종류의 화합물 농도를 개별적으로 측정하고 기준을 정하는 것은 매우 번거롭고 복잡하기 때문에 VOCs 종류를 구별하지 않고 통합해 측정할 수 있도록 TVOC 기준에 관한 연구를 진행하고 있다[58][59].

실내공기질 관리법 시행규칙의 실내공기질 권고기준(제4조 관련)에 따르면[60], **다중이용시설 TVOC 권고 기준은 500μg/㎥(≒218ppb(이소부틸렌 기반 25℃ 1기압[61]))이며, 의료기관, 어린이집, 산후조리원, 노인요양시설은 400μg/㎥(≒174ppb) 이하, 실내주차장은 1000μg/㎥(≒436ppb) 이하다.** 또한 산업안전보건법 기준은 500μg/㎥(≒218ppb), 학교보건법 기준은 400μg/㎥(≒174ppb)이다.

다른 나라의 경우 노르웨이 250μg/㎥(≒109ppb), 핀란드 200μg/㎥(≒87ppb), 독일 200~300μg/㎥, 오스트레일리아 500μg/㎥(≒218ppb), 미국 200μg/㎥(≒87ppb), 일본 400μg/㎥(≒174ppb), 중국 500μg/㎥(≒218ppb) 기준이다[62].

간이측정기의 TVOC 측정 성능 비교

간이측정기의 성능을 비교해 보면 어떤 센서를 사용할지 판단하는 데 도움이 된다. 센서를 사용하기 이전에 기본적으로 시중에 유통되는 측정기의 측정 범위, 출력 단위, 해상도(분해능)를 확인해야 한다. 일반적인 간이측정기의 범위는 **0∼10ppm(10,000ppb)**이다. 그 이상의 성능을 원하면 산업용으로 사용해야 한다. TVOC 간이측정기의 측정 범위와 해상도는 다음과 같다.

그림 3-29 간이측정기의 TVOC 측정 성능 비교

간이측정기에 사용되는 TVOC 센서

간이측정기에는 어떤 센서가 사용될까? 시중에 판매되는 간이측정기의 센서를 살펴보면 사용할 센서, 신뢰할 수 있는 센서를 선택하는 데 참고할 수 있다. 간이측정기에 사용되는 센서는 다음과 같다.

그림 3-30 간이측정기에 사용되는 TVOC 측정 센서

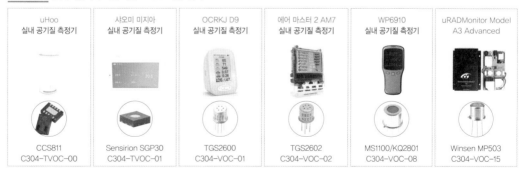

TVOC 간이측정기에는 CCS811, SGP30, TGS2600/TGS2602, CCS801B, Winsen MP503, MS1100/KQ2801 등의 센서가 많이 사용되는데, 간이측정기에 사용되는 센서의

측정 범위, 측정 정확도, 해상도, 출력 신호, 작동 온도/습도, 가격 등을 비교해 보면 다음과 같다.

표 3-14 간이측정기에 사용되는 TVOC 측정 센서의 성능 비교[63]

구분	CCS811[64]	SGP30[65]	TGS2602
측정 범위(Detect Range)	0~32,768ppb	0~60,000ppb	1~10,000ppb
측정 정확도(Accuracy)	–	15% of measured	–
해상도(Resolution)	–	0.2% of measured	0.5%–RS
출력 신호(Output Signal)	I2C	I2C	Analog
샘플링 주기(Sampling Cycle)	4Hz max	1Hz max	–
작동 온도(Working Temperature)	–40~85℃	–40~85℃	–10~50℃
작동 습도(Working Humidity)	10~95%	10~95%	5~95%
가격(Price)	US $7.5[66]	US $10.40[67]	US $19.30[68]

※ 센서 가격(출처: aliexpress)은 판매회사 상황에 따라 변동될 수 있다.

이번 절에서는 다양한 종류의 센서 중 CCS811 센서를 설명한다. 물론 CCS811 센서 외에도 다양한 센서가 있으니, 사용하는 목적과 상황에 따라 센서를 선택하기 바란다(추가 제공하는 센서 리스트 참고).

2 CCS811 센서란?

AMS사의 CCS811[69] 센서는 금속 산화물(MOX) 가스 센서를 통합하여 실내 공기질을 감시한다. 디지털 가스 센서로 광범위한 휘발성 유기 화합물(VOCs)을 감지하는 마이크로 컨트롤러 유닛(MCU)으로 구성된다. CCS811 센서의 통합 MCU는 VOCs를 감지하는 동안 측정된 센서 드라이브 모드 및 원시 센서 데이터를 관리한다. 센서는 I2C 디지털 인터페이스를 제공하며 하드웨어 및 소프트웨어 설계를 크게 단순화하여 출력 시간을 단축한다. 또한, 대략적인 온도를 계산하기 위해 MCU에서 읽을 수 있는 저항과 일치하는 10K NTC 서미스터를 포함하고 있다.

CCS811 센서는 가정 및 빌딩 자동화(HABA) 애플리케이션에서 널리 사용되고 있다. 스마트폰, 스마트 홈 장치, 웨어러블, 의료, 재료의 화학 방출 테스트, 환기 설계 테스트, 고농도 오염 식별, 수경 재배를 비롯한 실내용 농업, HVAC 등에 사용할 수 있다.

CCS811 센서칩 단독으로 사용하기는 어려우며, 제조사별로 센서칩을 결합한 모듈을 제공한다. 대표적으로 CJMCU-811, Adafruit CCS811[70], Sparkfun CCS811[71] 등이 있으며, 제조사의 치이만 있을 뿐 성능의 차이는 없다. 원하는 제조사의 제품을 사용하면 된다.

그림 3-31 CJMCU-811 센서 모듈

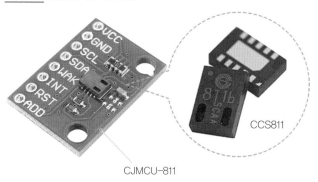

특징

CCS811 센서의 특징은 다음과 같다.

- 통합된 MCU
- 프로그래밍 가능 베이스라인
- 배터리 수명 연장을 위한 낮은 전류 소비
- 출력: I2C 사용
- 전압 공급: 1.8V~3.6V
- 전력 소비: 1.2mW~46mW
- 5가지 작동 모드

동작 원리

CCS811 센서는 벤젠, 에틸벤젠, 톨루엔, 자일렌, 스틸렌 등과 같은 VOCs의 오염 물질에 따라 변화하는 센서의 전기 저항을 측정한다. 하나의 칩에 여러 개의 금속산화물(MOX) 감지 소자를 결합하여 더욱 상세한 VOCs의 오염 물질에 대해 반응한다.

센서는 백금 히터를 이용해 가열하며 수백도(℃) 내외의 고온에서 동작한다. VOCs의 오염 물질에 따라 고온에서 일부 산화 반응이 발생하며 이때 센서의 전기 저항이 변경되어 이를 측정하는 원리다.

사양

CCS811 센서의 사양은 다음과 같다.

표 3-15 CCS811 센서 사양[72]

모델명(Model Name)	CCS811
대상 가스(Target Gas)	TVOC(VOCs 감지) • 알코올(Alcohols), 알데히드(Aldehydes), 케톤(Ketones), 유기산(Organic Acids), 아민(Amines), 지방족 및 방향족 탄화수소(Aliphatic and Aromatic Hydrocarbons)
TVOC 측정 범위(TVOC Detection Range)	1,187~32,768ppb
eCO$_2$(equivalent CO$_2$) 측정 범위	8,194~32,768ppm
응답 시간(Response Time)	수 초(Seconds)
교차 감도(Cross Sensitivity)	습도 및 수소(Humidity and Hydrogen)
출력 신호(Output Signal)	I2C(Digital eCO2, TVOC, Rs)
작동 전압(Working Voltage)	1.8~3.6V
평균 전력 소비(Average Power Consumption)	1.3mW to 46mW(depending on IAQ mode)
작동 온도(Working Temperature)	−5~50℃
자동 습도(Working Humidity)	10~95%
저장 온도(Storage Temperature)	−40~125℃
수명(Expected Product Lifetime)	〉5년

핀 배열

CJMCU-811 센서의 핀은 SDA, SCL, VCC, GND, WAK(nWAKE)을 사용한다. 센서의 I2C 주소는 0x5A 또는 0x5B를 사용한다.

그림 3-32 CJMCU-811(CCS811) 센서 핀 배열[73]

핀 번호	핀 이름	설명
1	ADDR	I²C 대체 주소를 선택. ADDR이 낮을 때 0x5A, ADDR이 높을 때 0x5B
2	nRESET	nRESET은 액티브 Low 입력이며 기본적으로 VDD로 풀업. nRESET은 선택 사항
3	nINT	nINT는 액티브 low 옵션 출력
4	PWM	히터 드라이버 PWM 출력. 핀 4와 5는 함께 연결
5	Sense	히터 전류 감지. 핀 4와 5는 함께 연결
6	VDD	전원 전압
7	nWAKE	nWAKE는 Low로 유지
8	NC	연결되지 않음
9	SDA	SDA 핀은 I²C 데이터에 사용
10	SDCL	SCL 핀은 I²C 클럭에 사용
EP	Exposed Pad	접지 연결

출력값

CCS811 센서는 eCO_2와 TVOC 두 가지의 값을 출력한다.

- **TVOC**: 센서의 출력 범위는 0~32,769ppb다. 출력 범위가 0~1,187ppb 제품도 출시되고 있으므로, 확인한 후 구입해야 한다.

- **eCO_2**(Equivalent CO_2): 출력 범위는 400~29,206ppm이다. 하지만 이름처럼 정확한 이산화탄소(CO_2) 측정값을 보장하지 못한다[74][75]. eCO_2는 H_2 농도를 기반으로 계산되므로 MH-Z19B 이산화탄소 센서의 측정값과는 다르다.

작동 모드

CCS811 센서의 출력값을 필요에 따라 조정할 수 있으며, 다음과 같은 5가지 작동 모드가 있다.

- 모드 0: 유휴 모드(idle), 저전력 모드
- 모드 1: 상시 전원 모드, 매초마다 공기질(IAQ) 측정
  - 가스에 가장 빠르게 반응하지만 평균 작동 전류는 높다.
- 모드 2: 펄스 가열 모드, 10초마다 공기질(IAQ) 측정
- 모드 3: 저전력 펄스 가열 모드, 60초마다 공기질(IAQ) 측정
  - 가스에 가장 느리게 반응하지만 평균 작동 전류는 가장 낮다.
- 모드 4: 상시 전원 모드, 250ms(0.25s)마다 공기질(IAQ) 측정
  - 센서와 연결된 외부 시스템을 위해 사용된다.

주의 사항

최적의 작동 조건을 유지하고 잘못된 측정값을 피하기 위해 다음 사항에 주의해야 한다.

- **초기 동작 시간이 필요하다.** 가스센서 특성상 동작 시 센서의 측정값이 높거나 낮게 측정될 수 있다. 이는 정상적인 현상으로 센서를 사용하지 않는 기간이 오래될수록 안정화되는 데까지 시간이 걸릴 수 있다.
- **오염 물질에 주의해야 한다.** 센서의 민감한 측정 영역은 VOCs가 있을 때 저항을 감소시키지만 다른 오염 물질은 반대 영향을 미칠 수 있다. 예를 들어 오존(O_3) 수치가 높으면 센서의 저항을 증가시키고 센서가 깨끗한 공기로 잘못 판단하게 하여 측정값에 영향을 줄 수 있다.

3   센서 연결하기

CJMCU–811 센서는 아두이노와 5개의 선으로 연결할 수 있다. WAK는 GND에 연결한다. CCS811 센서는 3.3V의 전압을 사용하므로 연결 시 주의해야 한다.

그림 3–33 CCS811 센서 연결도(CJMCU–811)

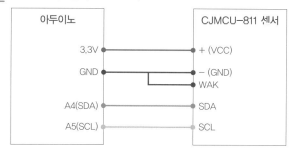

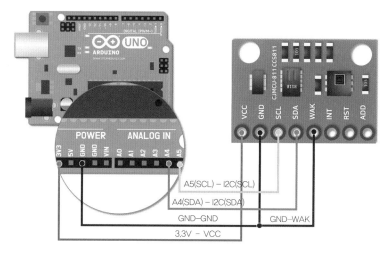

4   소프트웨어 코딩

Steamedu123_Sensor–master 〉 examples 폴더 내에 있는 예제 파일을 실행한다.

- 아두이노 파일: C304_Steam_Air_CCS811_TVOC.ino

그림 3-34 CCS811 센서 예제 파일

라이브러리를 객체화하고, begin(), read(), display() 함수를 사용하여 센서를 제어할 수 있다.

그림 3-35 CCS811 센서 코드 설명

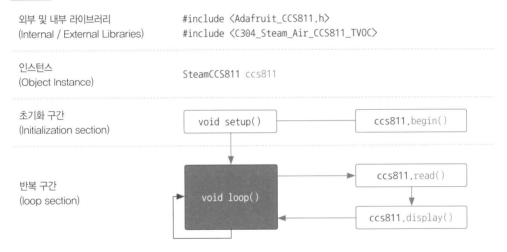

```
#include <C304_Steam_Air_CCS811_TVOC.h>   // 내부 라이브러리 헤더 파일


SteamCCS811 ccs811;    // 인스턴스


void setup() {
  Serial.begin(9600);    // 9600bps의 속도로 시리얼 통신을 시작한다.
  ccs811.begin();        // (1) 센서를 초기화한다.
}
```

```
void loop() {
  ccs811.read();          // (2) 센서의 값을 측정한다.
  ccs811.display();       // (3) 센서의 값을 출력한다.
  delay(1000);            // 1초 동안 대기한다.
}
```

5 센서 동작 확인

센서를 실행하면 다음과 같이 **아두이노-시리얼 모니터**에서 TVOC 측정 수치와 상태를 확인할 수 있다.

그림 3-36 CCS811 센서 출력 화면

아두이노 IDE 시리얼 모니터로 센서 측정값을 출력하고, 출력값에 따라 센서 상태를 표시했다. 측정한 센서값은 4단계(좋음, 보통, 나쁨, 매우 나쁨)로 구분하여 공기질의 상태를 쉽게 알 수 있도록 했다. 예를 들어 TVOC 농도 값이 5ppb이면 좋음(Good)이다.

표 3-16 CCS811 센서의 TVOC 공기질 4단계 표시 기준 및 상태

구분	좋음(Good)	보통(Normal)	나쁨(Bad)	매우 나쁨(Very Bad)
범위	0~218ppb	219~660ppb	661~2200ppb	2201ppb~

사용한 CCS811 센서의 출력 동작 4단계 기준은 각 제조사별로 간이측정기 4단계 기준과 국내 법령, 해외 연구 사례 측정 기준[76][77]을 결합하여 구분하였다. 예를 들어 좋음 ~218ppb는 **500㎍/㎥**(이소부틸렌 기반 25℃ 1기압[78])이다.

표 3-17 간이측정기 4단계 레벨상태 기준값

간이측정기	좋음	보통	나쁨	매우 나쁨
휴마아이(HI-150A)[79] 0~10,000ppb (~10ppm)	0~220ppb	221~660ppb	661~2,200ppb	2,201~5,500ppb
코아레스 S3[80] 0~9,999ppb (~9.999ppm)	0~220ppb	221~660ppb	661~2,200ppb	2,201~9,900ppb
에어람(SAP-500H)[81] 0~2,900ppb (0~6,655㎍/㎥)	0~115ppb (0~266㎍/㎥)	116~348ppb (267~799㎍/㎥)	348~1,160ppb (800~2,662㎍/㎥)	1,160ppb ~ (2,663~㎍/㎥)
리사홈(IAQM3100)[82] 0~1187ppb (0~1.187ppm)	0~130ppb	131~261ppb	262~522ppb	522ppb ~
에이오(EG-AO-V10)[83] 0~60,000ppb (0~60ppm)	0~300ppb	301~500ppb	501~1,000ppb	1,001ppb ~

참고문헌

[53] WHO, ISO 16000-6 (Indoor air -- Part 6: Determination of volatile organic compounds in indoor and test chamber air by active sampling on Tenax TA sorbent, thermal desorption and gas chromatography using MS or MS-FID).

[54] Paints and varnishes — Determination of volatile organic compound (VOC) content — Part 2: Gas-chromatographic method

[55] David Fujiwara, "Indoor air quality assessment", safetech environmental limited, 2014

[56] 휘발성규기화합물 지정 고시, [환경부고시 제2015-181호], https://bit.ly/3aibskb

[57] Naoki Kunugita, Keiichi Arashidani, Investigation of air pollution in large-scale buildings and of employees' personal exposure level, 2007

[58] Volatile Organic Compounds, Indoor Air Quality and Health, Lars Mølhave, December 1991

[59] WAVERTON ANALYTICS (2016) Survey reports: VOCs and hidden mould, Waverton Analytics Limited, Cheshire, http://www.waverton-iaq.com/reports

[60] 환경부, 실내공기질 관리법 시행규칙, 실내공기질 권고기준(제4조 관련) [시행일 : 2020. 4. 3.] https://bit.ly/33yChzB

[61] David Fujiwara, "Indoor air quality assessment", safetech environmental limited, 2014

[62] Ludmila Meciarova, Silvia Vilčeková, Analysis of VOCs in the indoor environment, Engineering Journal of Civil Engineering, Environment and Architecture, 2015

[63] Gabriel Yurko, Real-Time Sensor Response Characteristics of 3 Commercial Metal Oxide Sensors for Detection of BTEX and Chlorinated Aliphatic Hydrocarbon Organic Vapors, 2019, https://www.mdpi.com/2227-9040/7/3/40/pdf

[64] CCS811 Datasheet, https://bit.ly/2NgkPcT

[65] sensirion_Gas_Sensors_Datasheet_SGP30, https://bit.ly/3iKPYk8

[66] 알리익스프레스 CCS811, https://aliexpi.com/PI5s

[67] 알리익스프레스 SGP30, https://aliexpi.com/cbWR

[68] 알리익스프레스 TGS2602, https://aliexpi.com/xS77

[69] Ams사 홈페이지, https://bit.ly/38Ulgls

[70] Adafruit CCS811, https://www.adafruit.com/product/3566

[71] SparkFun CCS811, https://www.sparkfun.com/products/14193

[72] AMS 홈페이지, https://bit.ly/3iuTejO

[73] CCS811-Datasheet, "Pin Assignment", p3

[74] Smart Citizen Docs, eCO2 and TVOC sensor, https://bit.ly/39dVclk

[75] Comparison of CO2 sensors MH-Z19B and CCS811, https://bit.ly/3o0f8ww

[76] Quinnell, R., Siloxane-resistant MOX gas sensor brings smartphones one step closer to Star Trek's tricorder, Electronic Products Magazine, 2017 https://bit.ly/3aiZIOt

[77] WAVERTON ANALYTICS, Survey reports: VOCs and hidden mould, Waverton Analytics Limited, Cheshire, www.waverton-iaq.com/reports, 2016 https://bit.ly/2PMtSjO

[78] David Fujiwara, "Indoor air quality assessment", safetech environmental limited, 2014

[79] 휴마아이(HI−150A), http://humatech.co.kr/bbs/content.php?co_id=cont_020202

[80] 코아미세S3, https://koamise.com/product?type=s3

[81] 에어람(SAP−500H), http://airam.co.kr/gold

[82] 리사홈(IAQM3000), http://www.lisaair.com/v1/product/lisa

[83] 에이오((EG−AO−V10), https://www.wadiz.kr/web/campaign/detail/49243

305 GDK101 방사선 측정 센서

ARDUINO SENSORS FOR EVERYONE

1 방사선

방사선(radiation) 피폭이라고 하면 2011년 동일본 대지진 때 원자력발전소 사고로 발생한 극단적인 피폭을 떠올리는 사람이 많을 것이다. 하지만 우리는 일상생활 속에서도 자연 방사선과 인공 방사선에 항상 노출되고 있다[84].

- 자연 방사선: 자연 상태에서 우주, 토양, 태양으로부터 나오는 방사선
- 인공 방사선: TV나 전자레인지 같은 가전제품, 공항의 보안검색 장치, 의료 검진에 쓰이는 X-RAY, 암 치료 장치, 원자력발전소 등

들어가기 앞서 방사선, 방사능, 방사성 같은 용어를 이해할 필요가 있다. 방사선은 전구가 내는 빛, 방사능은 전구의 밝기, 방사성은 전구라고 이해하면 쉽다.

방사선은 입자(particle) 또는 파동(wave)을 말하며 우리가 느낄 수 있는 것(빛, 소리, 열 등)과 느낄 수 없는 것(X선)이 있다. **일반적으로 우리가 해롭다고 부르는 방사선은 전리 방사선이라고 하며, 입자인 알파선(α), 베타선(β), 중성자가 있으며, 전자파(파동)인 감마선(γ), X선이 있다.** 방사선 종류에 따라 투과력이 달라진다.

길이는 미터(m), 무게는 킬로그램(kg), 부피는 세제곱미터(m^3) 등의 단위를 사용하듯 방사선도 크게 베크렐(Bq)과 시버트(Sv)란 두 가지 단위를 사용한다.

- 베크렐(Bq = Ci(큐리))은 물체가 내는 방사능의 양을 측정할 때 사용하며, 주로 채소, 수산물, 해양, 토양의 오염 정도를 파악하는 데 사용한다.
- 시버트(Sv = rem(렘))는 사람의 몸에 피폭되는 위험도, 즉 피폭선량을 측정할 때 사용한다.

방사선이 인체에 미치는 영향

방사선 피폭은 피폭 기간에 따라 급성 피폭[85]과 만성 피폭[86]으로 구분할 수 있다. 급성 피폭(Acute Radiation Syndrome, ARS)은 일시적으로 많은 양의 방사선에 갑자기 노출될 경우 백혈구의 숫자가 일시적으로 감소하고, 피폭선량이 증가함에 따라 구토, 탈모, 피부 변화 등 신체적 이상 증상이 나타난다. 만성 피폭(Chronic Radiation Syndrome, CRS)은 낮은 수준의 방사선량 피폭 후 발생한다. 피부 위축, 상처 후 사라진 예전의 화상 자국과 눈 백내장으로 인한 피부의 섬유 형성 등의 증상이 나타날 수 있다.

방사선이 인체에 미치는 영향은 **알파선 ≥ 중성자선 〉 감마선, X선 = 베타선**이다.

- 알파선(α)은 베타나 감마선에 비해 더 높은 에너지를 가지고 있어 파괴력이 크지만 투과력이 약해 종이나 피부 조직을 뚫고 몸 안에 들어오지 못한다. 하지만 호흡, 섭취 등을 통해 체내로 들어오면 인체가 손상될 수 있다. 예를 들어 알파선인 라돈(^{222}RN) 가스는 세계보건기구(WHO)에서 흡연 다음으로 폐암의 발병 원인으로 인정하고 있다. 현재 라돈에 의한 폐암의 비율은 전체 3~14%의 범위를 차지하는 것으로 추정된다. 라돈에 노출되는 경로의 95%는 실내 공기를 호흡할 때다.
- 베타선(β)은 알파선보다 투과력이 강하기 때문에 종이로는 차폐할 수 없고 에너지가 클 경우 피부조직에 손상을 준다. 섭취하면 인체에 유해하다.
- 감마선(γ) 및 X선은 전자기파다. 알파선, 베타선보다 투과력이 강하다. 외부 피폭의 경우에도 장기에 손상을 준다. 방호 비닐을 포함해 거의 모든 물질을 뚫는다. 세포를 파괴해 암을 유발하는 감마선은 어린이와 임산부에게 특히 위험하다. 참고로 X선은 감마선보다 투과력이 약한 것을 제외하고는 감마선과 동일하다.
- 중성자선은 알파선이나 베타선과 같이 입자선이지만 전기를 띠고 있지 않다. 물질 속을 비교적 멀리까지 지나갈 수 있다. 인체를 구성하는 원자들은 중성자를 잘 흡수하고 방사선 동위원소를 만들어낸다. 방사선 동위원소의 종류는 수천 가지이며, 그중 감마선이나 베타선 같은 방사선을 방출하기도 한다.

방사선은 직접 노출 또는 간접 노출에 따라 인체의 DNA에 영향을 준다. 장기의 기능 이상 및 유전적 결함을 초래할 수 있다. 예를 들어 방사선은 백혈구 감소, 빈혈, 탈모, 홍반, 피부 궤양, 불임(일시적 및 영구적), 백내장, 갑상선 기능 저하, 암 발생, 탈모, 백혈구 감소, 태아에 영향, 백혈병, 신체 대사(신체기관) 이상, 연골 이상 등을 발생시킬 수 있다.

방사선 기준

자연 방사선은 어디에나 있고 우리는 방사선에 항상 노출되어 있다. 전 세계 평균 연간 자연 방사선량은 2.4mSv이다. 그리고 인위적인 방사선 피폭량 한계 기준은 연간 1mSv/y이다. 이 정도 피폭은 안전하다고 법으로 정해 놓은 기준이다.

자연 방사선(2.4mSv/y)과 인위적인 방사선(1mSv/y)을 더하면 3.4mSv/y이고, 이것이 일반인(성인 기준)에게 1년간 허용되는 피폭량이다. 이를 시간당으로 나누면 0.4uSv/h가 나온다. 즉, 일상생활에서 위험하다고 보는 방사능 수치 기준은 시간당 0.4uSv/h다.

> 3.4 mSv/y = 3400uSv/y
>
> => 3400(uSv)/(8760h(24(시간)x365(일)) = 0.4uSv/h
>
> ※ 1 mSv/year = 0.11 μSv/hour
>
>　　1 mSv/hour = 9 Sv/year
>
>　　1 nSv/hour = 9 μSv/year

간이측정기 방사선 측정 성능 비교

간이측정기의 성능을 비교해 보면 어떤 센서를 사용할지 판단하는 데 도움이 된다. 센서를 사용하기 전 센서의 측정 범위, 출력 단위, 감도(cpm/μSv/h)를 반드시 확인해야 한다. 이 값에 따라 센서의 성능과 가격에 영향을 미친다. cpm(Count Per Minute)은 1분당 센서가 감지한 방사선의 수다. 센서의 감도를 평가하는 기준의 하나로 사용되고 있다. 따라서 cpm 단위는 절대적인 것이 아니며 센서마다 다르다.

그림 3-37 간이측정기의 방사선 측정 성능 비교

일반적으로 방사선 방어의 목적으로 공기 중 방사선의 세기나 주변 오염 등을 측정할 때에는 베타선과 감마선을 모두 측정하며 가격이 저렴한 GM 계수관이 가장 많이 사용된다. 그 외에 대용량의 방사선량을 측정하거나 매우 정밀하게 방사선을 측정하는 것과 같은 특수 목적에 사용되는 이온함, 섬광 검출기, 반도체 검출기 등 검출기 종류는 다양하다.

간이측정기에 사용되는 방사선 센서

간이측정기에 사용되는 방사선 센서는 각 제조사별로 반도체, GM-Tube, 신틸레이터(scintillator), 실리콘 포토다이오드 등의 센서를 사용한다.

현재 시중에서 아두이노와 호환되는 방사선 센서 모듈을 구하기는 어렵다. 다행히도 현재 FTLAB사의 GDK101 방사선 감마 센서가 판매되고 있으며, 아두이노에서도 제어할 수 있다.

2 GDK101 센서란?

FTLAB사에서 만든 GDK101 센서는 감마선(X선도 감지)을 측정할 수 있는 센서다. 민감한 10핀 포토다이오드와 MCU에 의해 제어되는 트랜스 임피던스 증폭기 회로가 있는 솔리드 스테이트 감마선 센서(Solid State Gamma Sensor) 모듈이다.

그림 3-38 GDK101 센서[87]

특징

GDK101 센서의 특징은 다음과 같다.

- 측정 가능한 방사선은 감마선과 X선이며, 감마 광자의 에너지 스펙트럼 분석을 검증하는 데 유용
- 최대 0.01~200μSv/h의 저수준 감마 감지에 최적화
- 감지값의 불확실성이 ±10 % 미만(국제 표준 보정 절차를 사용하는 FTLAB사의 정밀 기술 사용)
- 견고한 디자인으로 유지보수 없이 5년 이상 긴 수명을 보장
- 오류 감지 방지를 위한 진동 센서 내장
- 외부 마이크로 프로세서 및 아두이노를 위한 I2C 및 UART 인터페이스를 제공
- 검출 펄스 분석을 위한 아날로그 출력 포트

동작 원리

GDK101 센서는 자연에서 발생하는 감마선(X선도 감지) 방사선량을 반도체 센서로 측정하는 체커(모듈)다. 센서가 감마선 신호를 발견하면 그 수를 카운트하여 시간 대비 카운트 수로 그 양을 판단하여 시간당 uSv/h 단위로 표시한다.

센서는 외부로부터 충격이 가해지면 센서 내부에 있는 MCU가 오류 펄스를 인식하여 센서의 측정값을 보정한다. 사용자는 아날로그 출력 포트에서 직접 검출 파형을 확인할 수 있다. 감마 광자의 에너지 스펙트럼 분석을 확인하는 데 유용하다.

사양

GDK101 센서의 측정 범위는 0.01~200uSv/h의 감마선을 감지한다. 센서 사양은 다음과 같다.

그림 3-39 GDK101 센서 사양[88]

모델명(Model Name)	GDK101
대상 방사선(Target Radiation)	감마(Gamma), X-ray
측정 범위(Detection Range)	0.01~200Sv/h(10분 평균)

모델명(Model Name)	GDK101
감마선 감도(Gamma Sensitivity)	11.5~12.5cpm/μSv/h(전체 평균)
불확실성(Uncertainty)	±5~±15%(심볼(δ), 20μSv/h, 1분 평균)
선형 에러(Linearity Error)	±3~±8%(심볼(ε), 10~100μSv/h)
최소 에러(Minimum Error)	0.05μSv/h(심볼(δmin))
출력 신호(Output Signal)	UART, I2C
작동 전압(Working Voltage)	4~6V
작동 온도(Working Temperature)	−10~65℃
작동 습도(Working Humidity)	0~90%

감마선 감도가 센서의 성능을 나타내는 것은 아니지만, 일반적으로 가장 중요한 성능 지표로 인식되고 있다. GDK101 센서의 감도는 11.5~12.5cpm, uSv/h다. cpm(Count Per Minute)은 1분당 센서가 감지한 방사선의 수다.

핀 배열

GDK101 센서는 UART(TX, RX)와 I2C(SDA, SCL) 핀을 제공한다. 또한, 외부 측정(오실로스코프)을 위해 TP Analog, TP_GND 핀을 제공한다.

그림 3-40 GDK101 센서 핀 배열[89]

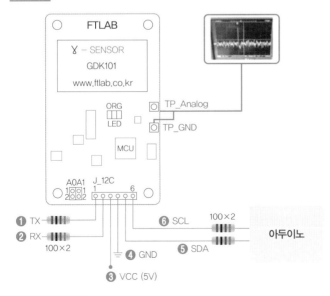

출력값

GDK101 센서는 UART(TX, RX)와 I2C(SDA, SCL)의 인터페이스를 제공한다. UART 보드레이트 19200이며, 3V의 전압 범위에서 통신한다.

센서의 데이터는 1분 데이터와 10분 데이터가 있다. 두 개 모두 출력 단위는 uSv/h다. 보통 감마선을 측정할 때 센서의 성능에 따라 6~24시간을 측정해야 한다.

참고로 GDK101 센서는 오렌지(Orange), 빨강(Red), 녹색(Green)의 3가지 LED로 동작 정보를 표시한다. 오렌지 LED는 진동 센싱 감지, 빨강 LED는 Gamma 펄스 신호 감지, 녹색 LED는 MCU 동작 상태를 표시한다.

주의 사항

최적의 작동 조건을 유지하고 잘못된 측정값을 피하기 위해 다음 사항을 주의해야 한다.

- 쉴드 케이스와 GND: 센서 전면에 있는 EMI 차폐용 금속 캡은 GND와 연결되므로 케이스를 열면 안 된다. 사용하기 전에 응용 프로그램에서 장치가 정상적으로 작동하는지 확인해야 한다.
- PCB 뒷면의 검은색 스펀지를 제거하면 측정 시 노이즈가 발생할 수 있다.
- 모듈이 노이즈 발생기(예: 헤어 드라이어, 고전압 방전기, 고전압 RF 송수신기 등) 근처에 있을 경우 센서 출력이 리드 노이즈의 영향을 받을 수 있다.
- 전원 공급선에서 발생하는 소음도 센서 출력에 영향을 미칠 수 있다.
- 외부 조명이 PCB 측면을 통과하거나 차폐 케이스와 PCB 사이를 통과할 때 센서 출력에 영향을 줄 수 있다. 외부 조명으로 인한 영향을 피하려면 검은색으로 칠해진 PCB 측면이 긁히지 않게 조심해야 한다.

3 센서 연결하기

GDK101 센서와 아두이노의 A5(SCL), A4(SDA)와 GDK101의 SCL, SDA를 연결한다. 데이터시트에 따라 3.3V Logic 레벨을 위해 100Ω의 저항을 연결한다. 입력 전압은 아두이노의 5V와 GDK101 센서의 5V를 연결한다. 참고로 센서에는 풀업 저항이 내장되어 있다.

그림 3-41 센서 연결도(I2C)

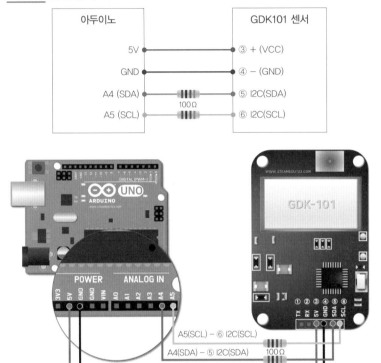

I2C 주소 설정

I2C 버스에는 주어진 주소를 가진 장치가 하나만 있을 수 있으므로 공유 I2C 버스에 둘 이상의 감마 센서를 배치하려는 경우에는 주소를 조정해야 한다.

그림 3-42 GDK101 센서 I2C 주소 설정[90]

번호	A0	A1	주소
1	O	O	0x18
2	X	O	0x19
3	O	X	0x1A
4	X	X	0x1B

※ 기본 주소 : 0x18, X : Open, O : Short

전원을 켤 때 I2C의 주소가 설정되며, 주소를 변경하려면 전원을 끄고 다시 켜서 주소를 재설정해야 한다. I2C의 최대 속도는 100kHz다.

4 소프트웨어 코딩

Steamedu123_Sensor-master 〉 examples 폴더 내에 있는 예제 파일을 실행한다.

- 아두이노 파일: C305_Steam_Air_GDK101_GAMMA.ino

그림 3-43 GDK101 센서 예제 파일

라이브러리를 객체화하고, begin( ), read( ), display( ) 함수를 사용하여 센서를 제어할 수 있다.

그림 3-44 GDK101 센서 코드 설명

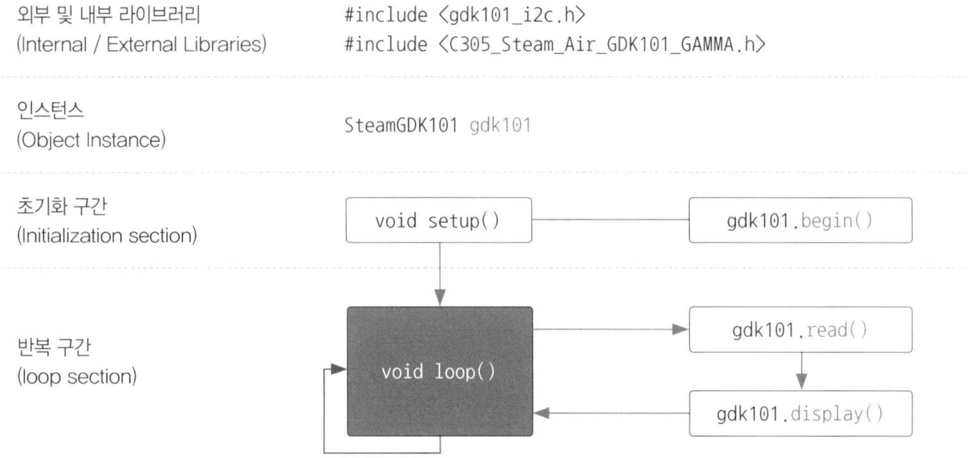

외부 및 내부 라이브러리 (Internal / External Libraries)	#include <gdk101_i2c.h> #include <C305_Steam_Air_GDK101_GAMMA.h>
인스턴스 (Object Instance)	SteamGDK101 gdk101

초기화 구간
(Initialization section)

```
void setup()  ──────────  gdk101.begin()
```

반복 구간
(loop section)

```
void loop()  ──────────→  gdk101.read()
                                  │
                                  ↓
             ←──────────  gdk101.display()
```

```
#include <C305_Steam_Air_GDK101_RADON.h>    // 내부 라이브러리 헤더 파일


SteamGDK101 gdk101; // 인스턴스


void setup() {
  Serial.begin(115200);    // 115200bps의 속도로 시리얼 통신을 시작한다.
  gdk101.begin();          // (1) 센서를 초기화한다.
}


void loop() {
  gdk101.read();           // (2) 센서의 값을 측정한다.
  gdk101.display();        // (3) 센서의 값을 출력한다.
  delay(2000);             // 2초 동안 대기한다.
}
```

5 센서 동작 확인

센서를 실행하면 다음과 같이 **아두이노-시리얼 모니터**에서 방사선 측정 수치와 상태를 확인할 수 있다.

표 3-45 GDK101 센서 출력 화면

아두이노 IDE 시리얼 모니터로 센서 측정값을 출력하고, 출력값에 따라 센서의 상태를 표시한다. 측정한 센서값은 4단계(좋음, 보통, 나쁨, 매우 나쁨)로 구분하여 방사선 감마선 상태를 쉽게 알 수 있게 했다. 방사선 감마선은 최소 24시간 이상 측정해야 그 수치가 의미가 있다.

표 3-18 GDK101 센서의 방사선 4단계 표시 기준 및 상태

구분	좋음(정상 준위)	보통(주의 준위)	나쁨(경고 준위)	매우 나쁨(비상 준위)
범위	~0.114 uSv/h	~0.343 uSv/h	~1 uSv/h	1uSv/h ~

참고문헌

[84] 한국원자력의료원, 자연방사선과 인공방사선 https://www.kaeri.re.kr/board?menuId=MENU00457&siteId=null

[85] 급성 방사선증후군, https://bit.ly/2RL0L17

[86] 만성방사선증후군, https://bit.ly/2FXjBje

[87] FTLASB 홈페이지, http://allsmartlab.com/blog/gdk101/, http://ftlab.co.kr/blog/gamma-sensor/

[88] GDK101datasheet_v1.6, "Functional Characteristics", p3

[89] GDK101datasheet_v1.6, "Pin Descriptions", p1

[90] GDK101datasheet_v1.6, "Pin Descriptions", p1

실외 대기 측정 센서

우리는 회사, 학교, 학원 등 실내에서 활동하기도 하고
캠핑장, 공원, 계곡, 바다 등 실외에서 활동하기도 한다.
우리가 의식하든 그렇지 않든, 우리는 항상 대기
오염 물질에 노출되어 생활하고 있다.
예를 들어 오존은 마스크로도 막을 수 없어 미세먼지보다
무섭다. 일산화탄소는 뉴스로 사건/사고를 접하지만
평소에는 무심결에 지나친다. 또한, 초미세먼지의
원인인 이산화질소, 오염 물질을 만나면 초미세먼지가
되는 암모니아, 호흡기 질환을 유발하는 아황산가스
등이 항상 우리의 건강과 생명을 위협하고 있다.
이 장에서는 오존, 일산화탄소, 이산화질소,
암모니아, 아황산가스에 대해 알아본다.

MQ-131 오존 측정 센서

ARDUINO SENSORS FOR EVERYONE

1 오존

오존(O₃)은 산소 원자(O) 3개로 구성되며, 무색, 무미의 자극성 있는 푸른빛의 기체다. 공기보다 약간 무겁고 물에 잘 녹지 않는다. 오존이라는 이름은 마늘과 비슷한 특유의 냄새 때문에 '냄새나는'이란 뜻의 그리스어 ozein에서 유래됐다. 화학식은 O_3이며, 몰 질량은 48g/mol이다.

오존은 1차 오염 물질인 질소산화물(NOx), 탄화수소(HC), 메탄(CH₄), 일산화탄소(CO) 등의 대기 오염 물질이 햇빛에 광화학 반응을 일으켜 만들어지는 2차 오염 물질이다. 특히 석탄, 석유 등 화석연료를 태우는 과정에서 배출되는 질소산화물(NOx)과 휘발성 유기화합물(VOCs)이 오존의 가장 큰 원인이다.

오존은 미세먼지보다 해로우며 가스 형태라 마스크로도 막을 수 없다. 또한, 인체에도 나쁜 영향을 줄 뿐 아니라 농작물과 식물에 직접 해를 끼쳐 수확량이 감소하거나 잎이 말라죽는 등 사람의 생활과 밀접한 관련이 있다.

인체에 미치는 영향

오존은 인체에 도움이 되는 착한 오존과, 농도가 쌓이면 인체에 해로운 나쁜 오존으로 구분할 수 있다.

- 착한 오존: 지구가 만들어진 초기에는 오존층이 없었다. 그러다 녹색 식물이 나타나 산소를 만들면서 대기 중 산소 농도가 증가하게 되었다. 이때 태양에너지의 영향으로 산소 분자가 산소 원자로 분해되고 다시 결합하는 과정을 거치면서 오존이 만들어졌다. 태양에서 오는 자외선은 지구 내 모든 생물체에 해로운데 성층권(지상에서 약 10~50km까지의 대

기층)의 오존이 자외선을 차단한다. 지구에 존재하는 전체 오존의 90%는 성층권에 있다. 생물체에 해로운 자외선을 95~99% 정도 흡수해 지구상 동식물의 생명을 보호해 준다.

- 나쁜 오존: 나머지 10%의 오존은 대류권(지상~높이 10km정도)에 있는데 강력한 산화력이 있어 적당량이 있을 때는 사람에게 이롭다(살균, 탈취 등). 하지만 지표면에 생성되는 오존은 농도가 일정 기준 이상 높아지고 반복 노출되면 인체에 나쁜 영향을 미친다. 예를 들어 가슴 통증, 기침, 메스꺼움, 목 자극이 있거나 소화 등에 영향을 주고, 기관지염, 심장질환, 폐기종 및 천식 악화, 폐활량 감소, 맥박과 혈압 감소, 어지러움 증상이 발생할 수 있다. 정도가 심할 경우 폐 손상을 유발시킬 수 있고, 눈에 노출되면 염증이 생기기도 한다. 특히 면역력이 약한 어린이, 노약자가 오존에 장시간 노출되게 되면 호흡 곤란과 어지럼증을 호소하고 천식과 호흡기에 만성 질환을 일으킬 수 있어 오존 농도가 높은 날에는 특별히 실외 활동을 조심해야 한다.

오존 기준

한국환경공단 에어코리아[1]에서는 실외 오존 대기 오염 정보를 제공하고 있다. 오존 예보등급은 '좋음', '보통', '나쁨', '매우 나쁨' 총 4단계로 나뉘는데, 예측 농도에 따라서 좋음은 0~0.030ppm, 보통은 0.031~0.090ppm, 나쁨은 0.091~0.150ppm, 매우 나쁨은 0.151ppm 이상을 말한다. 오존 예보등급이 '나쁨' 혹은 '매우 나쁨'인 경우에는 장시간 실외활동을 자제하고 가급적 실내활동을 권한다. 맑고 더운 날, 바람이 없고 건조한 날씨의 오후 2~5시에는 야외활동을 피해야 한다.

평균 오존 농도 기준(1시간 또는 8시간일 때)은 한국 0.06ppm(8시간), 0.1ppm(1시간), 미국 0.075ppm(8시간), 일본 0.06ppm(1시간), 캐나다 0.06ppm(8시간)이다[2].

시간 평균 오존 농도 값이 인체에 나쁜 영향을 주는 수준으로 높아지면 해당 지자체장이 '오존 주의보' 또는 '경보'를 발령하여 대기질 상황을 유념하도록 알리고 있다. 오존 경보(주의보, 경보)가 발령되면 인터넷, 방송, 모바일앱 등으로 확인할 수 있다.

- 오존 주의보는 0.12ppm 이상(1시간 평균 오존 농도)일 때 발령
- 오존 경보는 0.3ppm 이상(1시간 평균 오존 농도)일 때 발령
- 중대 경보는 0.5ppm 이상(1시간 평균 오존 농도)일 때 발령

간이측정기의 오존 측정 성능 비교

간이측정기의 성능을 비교해 보면 어떤 센서를 사용할지 판단하는 데 도움이 된다. 센서를 사용하기 이전에 기본적으로 시중에 유통되는 측정기의 측정 범위, 출력 단위, 해상도(분해능)를 확인해야 한다. 일반적으로 간이측정기는 **측정 범위 0~1ppm(1,000ppb), 해상도 0.01ppm**이다. 오존 간이측정기의 측정 범위와 해상도는 다음과 같다.

그림 4-1 간이측정기의 오존 측정 성능 비교

간이측정기에 사용되는 오존 센서

간이측정기에는 어떤 센서가 사용될까? 시중에 판매되는 간이측정기의 센서를 살펴보면 사용할 센서, 신뢰할 수 있는 센서를 선택하는 데 참고할 수 있다. 간이측정기에 사용되는 센서는 다음과 같다.

그림 4-2 간이측정기에 사용되는 오존 측정 센서

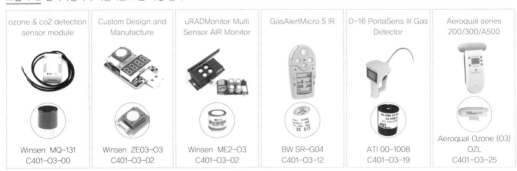

오존 간이측정기에는 Winsen MQ-131, ZE25-O3, ZE03-O3, BW SR-G04, ATI 00-1XXX, SPEC Sensor 등과 각 측정기 제조사에서 자체 제작한 오존 센서가 주로 사용되는데, 간이측정기에 사용되는 센서의 측정 범위, 측정 정확도, 작동 온도/습도, 가격 등을 비교해 보면 다음과 같다.

표 4-1 간이측정기에 사용되는 오존 측정 센서 성능의 비교

구분	MQ-131[3]	BW SR-G04	ATI 00-1008[4]
측정 범위(Detect Range)	10~1,000ppb	0~1,000ppb	0~2,000ppb
센서 타입(Type)	반도체식 (Semi-conductor)	전기화학식 (Electrochemical)l	전기화학식 (Electrochemical)
민감도(Sensitivity)	Rs(in air)/Rs(in 200ppb O3)≥2	-	1%
측정 정확도(Accuracy)	-	± 5% of value	± 5% of value
출력 신호(Output Signal)	Analog Voltage	UART, Analog	UART, Analog
작동 온도(Working Temperature)	(표준 T) 20℃±2℃	-20~50℃	-25~55℃
작동 습도(Working Humidity)	(표준 RH) 55%±5%	15~95%	RH: 0~55%
가격(Price)	US $9.4[5]	US $525[6]	US $325[7]

※ 센서 가격(출처:aliexpress, oxidation, gassensing)은 판매회사 상황에 따라 변동될 수 있다.

이번 절에서는 다양한 종류의 센서 중 오존 기준에 따라 MQ-131 저농도 센서(0.01~1ppm, 해상도 0.01ppm)를 설명한다. 물론 MQ-131 센서 외에도 다양한 센서가 있으니, 사용하는 목적 및 상황에 따라 센서를 선택하기 바란다(추가 제공하는 센서 리스트 참고).

2 MQ-131 센서란?

MQ-131 센서는 오존을 측정하는 센서다. 오존 센서는 대기 중 누출 오존을 측정하는 기상용 오존 센서, 물 속에 녹아 있는 오존을 측정하는 용존 오존 센서 등으로 나뉜다.

MQ-131 센서는 대기 중 오존을 측정하는 저농도(0.01~1ppm)와 고농도(10~1000ppm) 제품이 있다. 센서가 플라스틱이면 저농도, 금속이면 고농도 센서다.

그림 4-3 MQ-131 센서[8]

저농도 오존 센서 모듈(Low concentration)
(0.01~1ppm)

고농도 오존 센서 모듈(High concentration)
(10~1000ppm)

- 저농도 오존 센서는 일반적으로 오존 누출감시용으로 많이 사용한다. 0.001ppm~2ppm 의 측정 범위가 일반적이며 공기 중 대기 오염 감시용으로도 사용한다. 가정에서 사용하는 실내공기 UVC 살균기(오존 발생), 야채과일 오존 세척기 등에서 발생하는 오존을 측정하는 데도 사용할 수 있다.
- 고농도 오존 센서는 측정치가 비교적 정확하고 연속 측정이 가능하다. 현재 대부분의 오존 모니터가 연속 측정 방식을 채용하고 있다. 하지만 측정 범위가 높기 때문에 1차 오염 물질이 많이 발생되는 지역에서 사용한다.

특징

MQ-131 저농도 센서의 특징은 다음과 같다.

- 오존 센서는 넓은 범위에서 오존에 대한 높은 민감도 제공
- 수명이 길고 비용이 저렴
- 구동 회로가 간단
- 저농도 오존 가스(검출 농도 범위 10~1000ppb)
- 긴 수명과 높은 안정성
- 빠른 응답 특성

동작 원리

MQ-131 센서는 반도체식 가스 센서로, 전기저항식(표면 제어형 방식)을 사용한다.

- **반도체식 가스 센서**: 세라믹스 반도체 표면에 가스가 접촉했을 때 일어나는 저항(전기 전도도)의 변화를 이용하는 것이 많으며 대부분 대기 중에서 센서 내부에 있는 히터를 가열하여 사용한다. 센서는 고온에서 안정적인 측정을 위해 금속산화물은 산화주석(SnO_2), 산화아연(ZnO), 산화철(Fe_2O_3) 등을 가장 많이 사용한다.
- **전기저항식(표면 제어형 방식)**: 금속산화물 표면 위에 오존 가스의 흡착에 따른 저항(전기 전도도)의 변화를 측정하는 원리다. 구체적으로 말하면 금속산화물의 경계가 깨끗한 공기 중에 노출되었을 때는 공기 중의 산소가 금속산화물 표면에 흡착되어 전위 장벽을 형성하면서 저항이 낮아진다. 여기에 환원성(가연성) 가스인 오존이 닿으면, 반도체 표면에 흡착되었던 산소가 오존 가스와 결합하여 전위 장벽이 낮아지면서 저항(전기 전도도)이 높아지게 된다. 이 상태의 저항값을 측정하면 오존 가스의 농도를 알 수 있다.

사양

MQ-131 저농도 센서의 측정 범위는 10~1000ppb(0.01~1ppm)이다. 그 외 센서 사양은 다음과 같다.

표 4-2 MQ-131 저농도 센서 사양[9]

모델명(Model Name)	MQ-131(Low concentration)
대상 가스(Target Gas)	오존(O_3)
센서 타입(Sensor Type)	반도체(Semiconductor)
측정 범위(Detection Range)	**10~1000ppb(0.01~1ppm)**
민감도(Sensitivity)	Rs(in 200ppb O_3) / Rs(in air)≥2
예열 시간(Preheat Time)	48시간 이상
출력 신호(Output Signal)	**아날로그(Analog Voltage)**
출력 전압(Output Voltage)	≥1.0V(in 200ppb O_3)
농도 기울기(Concentration Slope)	≤0.6(R_{500ppb}/R_{100ppb} O_3)
작동 전압(Working Voltage)	5±0.1V DC
히터 전력 소비(Heater Consumption)	≤900mW
표준 온도(Standard Temperature)	20℃±2℃
표준 습도(Standard Humidity)	55%±5%

핀 배열

MQ-131 저농도 센서 모듈은 4개의 연결 핀이 있다. 5V, 디지털 출력(DOUT), 아날로그 출력(AOUT), GND로 구성되어 있고, 핀 배열은 다음과 같다.

그림 4-4 MQ-131 저농도 센서 모듈 핀 배열

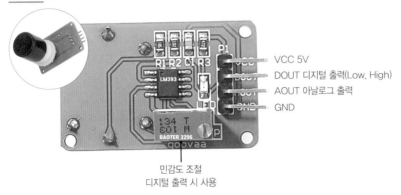

VCC 5V
DOUT 디지털 출력(Low, High)
AOUT 아날로그 출력
GND

민감도 조절
디지털 출력 시 사용

출력값

MQ-131 저농도 센서는 디지털 출력(UART, I2C 등)이 아닌 아날로그 출력을 하여 Rs/Ro 의 값으로 센서의 출력값을 얻을 수 있다. MQ-131 저농도 센서의 감도 특성 곡선은 다음 과 같다. ppb 단위의 Rs/Ro 대 가스 농도를 그래프로 나타낸 것이다. 파란색은 오존의 감도 변화 곡선을 의미한다.

그림 4-5 MQ-131 센서의 전형적인 감도 곡선[10]

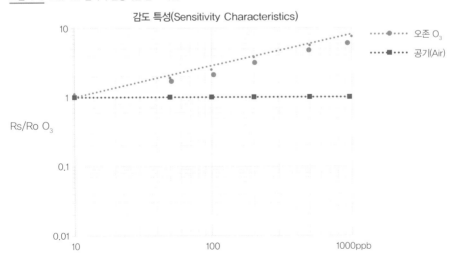

감도 특성(Sensitivity Characteristics)

오존 O_3

공기(Air)

Rs/Ro O_3

- 세로 좌표는 센서의 저항비(Rs/R0)다. Rs는 대상 가스 내 센서의 저항이고 R0은 깨끗한 공기 내 저항이다.
- 가로 좌표는 오존 가스의 저농도값이다. 저농도 범위는 10~1000ppb다. 예를 들어 Rs/Ro가 1.12이면 10ppb, Rs/Ro가 1.9이면 50ppb, Rs/Ro가 2.5이면 100ppb, Rs/Ro가 7.5이면 1000ppb로 센서 출력값을 측정할 수 있다.

주의 사항

MQ-131 저농도 센서의 데이터시트에 따르면, 최적의 작동 조건을 유지하고 잘못된 측정값을 피하기 위해 다음 조건을 피해야 한다.

- MQ-131 센서는 히터 회로와 센서 회로로 구성된 반도체 가스 센서다. 히터는 최소 150mA를 소비하며, 아두이노 핀에 직접 연결하면 안 된다.
- 히터가 아닌 센서에 전원(Vcc)을 연결하면 센서가 손상될 수 있다.
- 센서의 일관된 결과를 얻기 위해서는 최소 48시간의 예열 시간이 필요하다(번인 시간이라고도 함).
- 센서로 측정하기 전, 대기 중 오존 농도를 냄새만으로 판단하는 것은 위험하다. 오존에서 나는 냄새는 대기 환경에 따라 매우 다르며, 사람에 따라서도 다르다.
- 센서를 실내에 설치할 경우에는 오존의 성질을 고려해야 한다. 예를 들어, 오존은 공기보다 무거워 가라앉는다. 벽면이나 가구 등에 닿으면 분해되거나 반응을 일으킨다. 또한, 오존은 인체와 반응한다. 사람이 있는 장소에서는 오존 농도가 실제보다 낮게 측정될 수 있다.

3 센서 연결하기

MQ-131 저농도 센서는 아두이노와 3개의 선으로 연결할 수 있다. 데이터는 아날로그 신호로 전송된다.

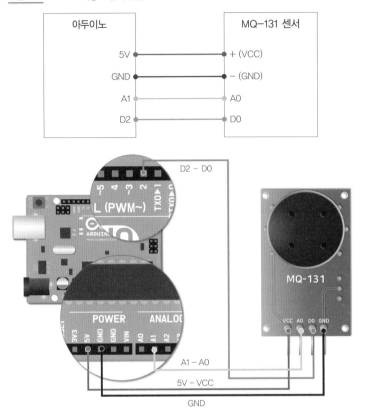

그림 4-6 MQ-131 저농도 센서 연결도

4 소프트웨어 코딩

Steamedu123_Sensor-master 〉 examples 폴더 내에 있는 예제 파일을 실행한다.

- 아두이노 파일: C401_Steam_Air_MQ131_O3.ino

그림 4-7 MQ-131 센서 예제 파일

라이브러리를 객체화하고 begin(), read(), display() 함수를 사용하여 센서를 제어할 수 있다. 온도 24℃, 습도 40%로 값을 강제로 입력했다. 온습도 센서를 이용해 실시간 측정된 값을 적용하면, 환경 변화에 따라 더 정밀한 오존 측정값을 출력할 수 있다.

그림 4-8 MQ-131 센서 코드 설명

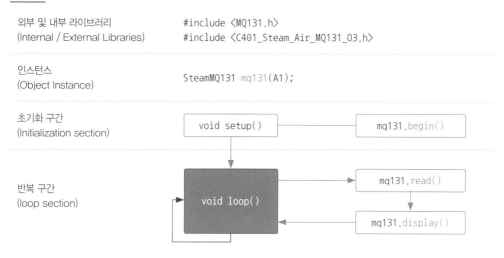

외부 및 내부 라이브러리 (Internal / External Libraries)	`#include <MQ131.h>` `#include <C401_Steam_Air_MQ131_03.h>`
인스턴스 (Object Instance)	`SteamMQ131 mq131(A1);`

```cpp
#include <C401_Steam_Air_MQ131_03.h>    // 내부 라이브러리 헤더 파일
#define AoutPIN A1
#define TEMP 24 // ℃
#define HUMI 40 // %

SteamMQ131 mq131(AoutPIN);    // 인스턴스, 핀 번호를 입력한다.

void setup() {
  Serial.begin(115200);       // 115200bps의 속도로 시리얼 통신을 시작한다.
  mq131.begin();              // (1) 센서를 초기화한다.
}

void loop() {
  mq131.read(TEMP, HUMI);     // (2) 센서의 값을 측정한다.
  mq131.display();            // (3) 센서의 값을 출력한다.

  delay(6000);                // 6초 동안 대기한다.
}
```

센서를 실행하면 다음과 같이 **아두이노-시리얼 모니터**에서 오존 측정 수치와 상태를 확인할 수 있다.

그림 4-9 MQ-131 센서 출력 화면

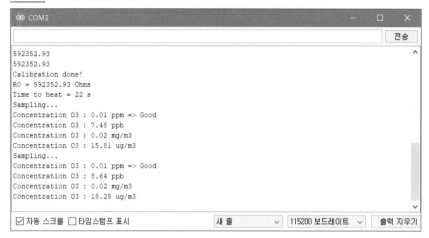

아두이노 IDE 시리얼 모니터로 센서 측정값을 출력하고, 출력값에 따라 센서의 상태를 표시한다. 쉽게 공기질의 상태를 알 수 있도록 측정한 센서값은 4단계(좋음, 보통, 나쁨, 매우 나쁨)로 구분하였다. 예를 들어 오존 농도 값이 7.48ppb이면 좋음(Good)이다.

표 4-3 MQ-131 센서의 오존 4단계 표시 기준 및 상태

구분	좋음(Good)	보통(Normal)	나쁨(Bad)	매우 나쁨(Very Bad)
범위	0~30ppb (0~0.03ppm)	31~90ppb (~0.09ppm)	91~150ppb (~0.15ppm)	151ppb~ (0.15ppm~)

> **NOTE**
> 에어코리아의 실시간 대기 정보 4단계[11]는 좋음 0~0.030ppm, 보통 ~0.090ppm, 나쁨 ~0.150ppm, 매우 나쁨 0.151ppm~이다. 참고로 오존 환경기준은 8시간 0.06ppm, 1시간 0.1ppm이라 명시하고 있다.

참고문헌

[1] 에어코리아 실시간 대기 정보, http://www.airkorea.or.kr/index

[2] 에어코리아 대기환경 기준(해외), https://bit.ly/3oSpuj2

[3] Winsen Datasheet, https://bit.ly/3p0hI72

[4] ATI 00−1008 Datasheet, https://bit.ly/2XQO7Ri

[5] 알리익스프레스 MQ−131, https://aliexpi.com/JwxI

[6] SR−G04 오존 센서, https://bit.ly/2M0lChy

[7] ATI Ozone Sensor 0−2 ppm (00−1008), https://bit.ly/3p6SeF7

[8] Winsen 홈페이지 오존 센서, https://bit.ly/3p6S94h

[9] mq131−(low−concentration)−ver1_3−manual, "Technical Parameters", p3

[10] mq131−(low−concentration)−ver1_3−manual, "Description of Sensor Characters", p4

[11] 에어코리아, https://bit.ly/2KsKRZs

402 MQ-7 일산화탄소 측정 센서

ARDUINO SENSORS FOR EVERYONE

1 일산화탄소

일산화탄소(Carbon monoxide)는 탄소와 산소로 구성되며 무색, 무취, 무미로 사람이 인지하기 어려운 유독성 기체다. 화학식은 CO, 몰질량은 28.01g/mol이다.

일산화탄소는 연료 속의 탄소 성분이 불완전 연소하였을 때 발생하며, 대부분 대기 중으로 배출된다. 다음과 같이 자연적 발생과 인위적 발생이 있다.

- 자연적 발생: 산불, 화산폭발, 메탄의 산화 등에서 발생한다.
- 인위적 발생: 석탄이나 석유를 다량 연소시키는 공업지대, 가스가 새는 굴뚝 및 화덕, 가스 온수기, 장작 난로 및 벽난로에서 발생하는 불길의 역류 현상(백 드래프트), 가스레인지에서 연소 중 불완전 산화 현상, 통풍구가 없는 가스 히터 또는 등유 히터 연소 장치(예: 보일러, 화덕)의 마모 또는 조정/정비 불량, 발전기 및 그 외 휘발유 엔진 구동 장비, 담배 연기, 인근 도로 또는 주차장의 자동차, 트럭 또는 버스에서 발생하는 배기가스 등에서 발생한다.

인체에 미치는 영향

일산화탄소는 죽음의 가스 또는 침묵의 살인자라고 부른다. 일산화탄소 발생 시 초기에 알기 어렵고 소량이라도 흡입하면 치명적인 결과를 초래하기 때문이다. 일산화탄소를 일단 흡입하면 산소 대신 헤모글로빈과 결합하고, 저산소증을 유발한다. 혈액의 산소 수용량을 저하시키고, 영구적인 뇌 손상을 유발한다.

일산화탄소 노출 농도가 낮을 경우 건강한 사람도 피로감을 호소하고 심장병 환자는 가슴 통증을 느낀다. 노출 농도가 올라갈수록 협심증, 시력 손상, 뇌 기능 저하, 방향감각 상실, 두통, 현기증, 착란, 메스꺼움, 의식 장애, 독감에 걸린 듯한 증상이 나타난다. 특히 심장질환이 있는 사람은 가슴 부위에 통증 또는 심장 발작을 일으킬 수 있는데, 흔히 일산화탄소 중독이라고 부른다. 일산화탄소 고농도에 중독되었을 경우 의식을 잃거나 뇌조직과 신경 계통에 큰 피해를 가져와 죽음에 이를 수도 있다. 지속해서 일산화탄소에 노출되는 환경에 있는 경우 만성 성장 장애, 만성 호흡기질환(폐렴, 기관지염, 천식)이 나타난다.

일산화탄소 기준

한국환경공단 에어코리아에서는 실외 일산화탄소 대기 오염 정보를 제공하고 있다[12]. 일산화탄소 예보등급은 '좋음', '보통', '나쁨', '매우 나쁨' 총 4단계로 나뉘는데, 좋음은 0~2ppm, 보통은 2.01~9ppm, 나쁨은 9.01~15ppm, 매우 나쁨은 15.01ppm 이상을 말한다.

- 한국은 8시간 평균치 9ppm, 1시간 평균치 25ppm 기준을 정하고 있다[13].
- 미국은 8시간 평균치 9ppm, 1시간 평균치 35ppm 기준을 정하고 있다[14].
- 호주는 8시간 평균치 9ppm 기준을 정하고 있다.

간이측정기의 일산화탄소 가스 측정 성능 비교

간이측정기의 성능을 비교해 보면 어떤 센서를 사용할지 판단하는 데 도움이 된다. 센서를 사용하기 이전에 기본적으로 시중에 유통되는 측정기의 측정 범위, 출력 단위, 해상도(분해능)를 확인해야 한다. 일반적으로 간이측정기는 **0~1,000ppm 측정 범위와 1ppm 해상도**를 가진다. 그 이상의 성능을 원한다면 산업용을 사용해야 한다. 일산화탄소 간이측정기의 측정 범위와 해상도는 다음과 같다.

그림 4-10 간이측정기의 일산화탄소 측정 성능 비교

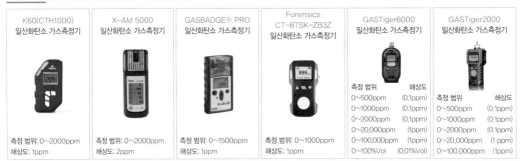

간이측정기에 사용되는 일산화탄소 센서

일산화탄소 간이측정기에는 Hanwei Sensor, Winsen ZE14-CO, ZEO3-CO, DART WZ-EN, RAE System C032-xx, SPEC Sensor 110-109, 968-001, INDUSTRIAL SCIENTIFIC Ventis, MX6 iBrid xx, Tango, GasBadge Pro 17xx, Radius BZ1XX 등과 각 측정기 제조사에서 자체 제작한 센서가 주로 사용되는데, 간이측정기에 사용되는 센서의 측정 범위, 해상도, 작동 온도/습도, 가격 등을 비교해 보면 다음과 같다.

표 4-4 간이측정기에 사용되는 일산화탄소 가스 측정 센서의 성능 비교

구분	MQ-7	ZE07-CO[15]	SPEC 3SP_CO_1000[16]
측정 범위(Detect Range)	20~2000ppm	0~500ppm	0~1000ppm
센서 타입(Type)	반도체식 (Semi-conductor)	전기화학식 (Electrochemical)	전기화학식 (Electrochemical)
해상도(Resolution)	0.01ppm	0.1ppm	0.1ppm
응답 시간(Response Time)	〈60초	〈60초	〈30초
출력 신호(Output Signal)	Analog Voltage	UART, DAC	UART
작동 온도(Working Temperature)	-20~55℃	-10~55℃	-20~40℃
작동 습도(Working Humidity)	0~95%	15~90%	15~95%
수명(Working Life)	-	3~5년	〉5년
가격	US $1.14[17]	US $9.49[18]	US $20[19]

※ 센서 가격(출처: aliexpress 등)은 판매회사 상황에 따라 변동될 수 있다.

일산화탄소 감지 센서의 종류에 따라 반도체식, 전기화학식, 접촉연소식 등으로 분류된다[20].

- 반도체식: 구조가 간단하고 대량생산이 가능해 가격이 저렴하나, 측정 원리상 모든 환원성 가스에 반응하므로 미국·유럽연합 등에서는 인명 보호를 위한 산업용 안전 기기에는 반도체식을 선호하지 않는다.
- 전기화학식: 센서의 개별 편차가 매우 적고, 주위 환경에 매우 안정적으로 작동하여 주로 산업현장에서 유독성 가스의 농도를 감시하는 용도로 사용된다.
- 접촉연소식: 구조가 간단하고 가격이 저렴하지만, 다른 가스에 의한 감지 오류가 발생할 수 있고, 측정 지점의 주위 환경에 영향을 많이 받아 특정 가스를 선택적으로 측정하는 용도에는 사용이 어렵다.

이번 절에서는 다양한 종류의 센서 중 MQ-7 센서를 설명한다. 물론 MQ-7 센서 외에도 다양한 센서가 있으니, 사용하는 목적 및 상황에 따라 센서를 선택하기 바란다(별도 제공하는 센서 리스트 참고).

2 MQ-7 센서란?

MQ-7 센서는 일산화탄소(CO)를 검출하는 가스 센서다. 비용이 저렴하고 다른 응용 분야에 적합하다.

그림 4-11 MQ-7 일산화탄소 가스 측정 센서 모듈

센서의 구조 및 구성은 센서마이크로 산화알루미늄(AL_2O_3) 세라믹 튜브, 산화주석(SnO_2) 고정 레이어, 측정 전극 및 히터는 플라스틱 및 스테인리스 스틸 그물로 만들어진 클러스트로 고정되어 있다.

특징

MQ-7 센서의 특징은 다음과 같다.

- 광범위한 가연성 일산화탄소(CO) 가스 등 천연 가스에 대한 높은 감도
- 넓은 감지 범위, 빠른 반응
- 안정적인 성능, 긴 수명, 저렴한 비용
- 간단한 구동 회로

동작 원리

MQ-7 센서는 반도체식 센서(Semiconductor) 타입이다. 금속산화물반도체(산화아연, 산화주석 등) 표면에 일산화탄소(CO) 가스 분자가 달라붙어 반도체 내의 전자 구조를 변화시키면 전기 전도도가 증가하는 것을 이용한다. 센서 내부에 있는 하얀색의 세라믹에 연결된 선으로부터 전류를 흘려 받아 열을 발생시킨다. 이 열로 인해서 공기 중의 특정 가스가 촉매 반응을 하게 되고, 저항값을 변경시킨다. 그리고 변경된 저항값으로 인해서 전압의 변화가 생기고, 이를 통해 가스 농도를 유추하게 된다. 따라서 검출되는 가스 농도가 높을수록 아날로그 출력 전압이 높아진다.

사양

MQ-7 센서 사양은 다음과 같다.

표 4-5 MQ-7 센서 사양[21]

모델명(Model Name)	MQ-7
대상 가스(Target Gas)	일산화탄소(CO)
센서 타입(Sensor Type)	반도체(Semiconductor)
측정 범위(Detection Range)	**20~2,000ppm**
민감도(Sensitivity)	S: Rs(300ppm)/Rs(100ppm CO) ≥5
저항(Surface Resistance Of Sensitive Body)	R_s: 2-20k (In 100ppm CO)
예열 시간(Preheat Time)	48시간 이상
TH 히팅 시간(High Heating Time)	TH(H): 60±1초

모델명(Model Name)	MQ-7
TL 히팅 시간(Low Heating Time)	TL(L): 90±1초
출력 신호(Output Signal)	**아날로그(Analog Voltage)**
농도 기울기(Concentration Slope)	α: ≤0.6(R_{300ppm}/R_{300ppm} CO)
작동 전압(Working Voltage)	V_C: 5±0.1V AC or DC
히터 전력 소비(Heater Consumption)	P_H: ≤350Mw
작동 온도(Working Temperature)	−20~50℃
작동 습도(Working Humidity)	0~95%

핀 배열

MQ-7 센서 모듈은 4개의 연결 핀이 있다. 5V, GND, 디지털 출력(DOUT), 아날로그 출력(AOUT)으로 구성된다.

그림 4-12 MQ-7 센서 핀 배열

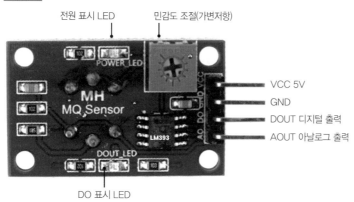

출력값

MQ-7 센서는 일산화탄소(CO), 수소(H_2), LPG, 메탄(CH_4), 알코올(Alcohol)을 측정할 수 있다. 센서는 대기 중 20~2,000ppm의 CO를 감지한다. 센서 감도 특성 곡선은 다음과 같다. ppm 단위의 Rs/Ro 대 가스 농도를 그래프로 나타낸 것이다.

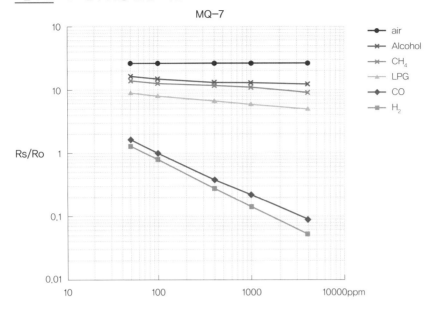

그림 4-13 MQ-7 센서의 전형적인 감도 곡선[22]

- 가로 좌표는 일산화탄소 가스의 측정값(ppm)이다.
- 세로 좌표는 센서의 저항 비(Rs/Ro)다.
- Rs는 측정하고자 하는 장소에서 일산화탄소에서 측정된 저항값이다.
- Ro는 청정 공기에서 측정한 저항값이다.

주의 사항

최적의 작동 조건을 유지하고 잘못된 측정값을 피하기 위해 다음 조건을 피해야 한다.

- 센서가 고농도의 부식성 가스(셀렌화수소, 황산화물, 염소 등)에 노출되면 센서 구조의 부식을 초래할 뿐만 아니라 감도의 오류로 측정값에 오차가 발생한다. 또한 알칼리, 알칼리 금속염, 할로겐 오염은 센서의 측정값에 영향을 미친다.
- 센서의 과부하로 인해 손상이 발생하고 잠재적으로 센서가 손상될 수 있으므로 입력 전압이 올바른지 확인해야 한다.

- MQ-7 센서의 저항값은 다양한 종류의 가스 농도에 따라 다르게 반응한다. 기본적인 센서 설정값을 사용하면 되지만, 정확한 일산화탄소 측정을 위해서는 감도 조정이 필요할 수 있다. MQ-7 가스 센서 모듈의 회로도는 포텐션미터(가변저항)와 LM393 비교기가 포함되어 있다. 포텐션미터를 이용해 디지털 출력의 민감도를 조절할 수 있다. 하지만 처음 사용하는 사용자라면 민감도 조절에 매우 주의해야 한다. 민감도 조절이 잘못되면 센서의 값이 잘못 측정될 수 있다.

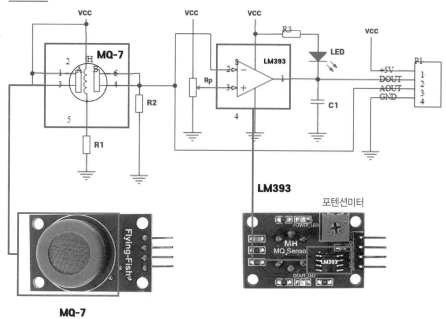

그림 4-14 모듈 회로도

3 센서 연결하기

MQ-7 센서는 아두이노와 3개의 선으로 연결할 수 있다. 데이터는 아날로그 신호로 전송된다.

그림 4-15 MQ-7 센서 연결도

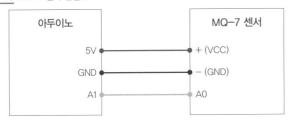

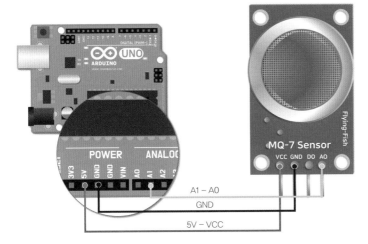

4 소프트웨어 코딩

Steamedu123_Sensor-master > examples 폴더 내에 있는 예제 파일을 실행한다.

■ 아두이노 파일: C402_Steam_Air_MQ7_CO.ino

그림 4-16 MQ-7 센서 예제 파일

라이브러리를 객체화하고, begin(), read(), display() 함수를 사용하여 센서를 제어할 수 있다.

그림 4-17 MQ-7 센서 코드 설명

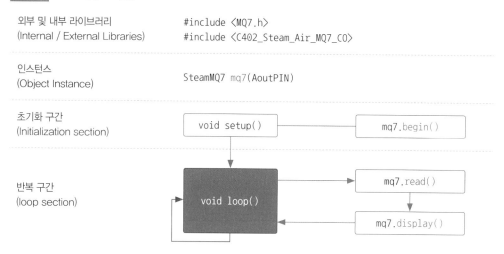

외부 및 내부 라이브러리
(Internal / External Libraries)

```
#include <MQ7.h>
#include <C402_Steam_Air_MQ7_CO>
```

인스턴스
(Object Instance)

```
SteamMQ7 mq7(AoutPIN)
```

초기화 구간
(Initialization section)

void setup()　　　mq7.begin()

반복 구간
(loop section)

void loop()　　mq7.read()　　mq7.display()

```
#include <C402_Steam_Air_MQ7_CO.h>    // 내부 라이브러리 헤더 파일
#define AoutPIN A1

SteamMQ7 mq7(AoutPIN);// 인스턴스, 핀 번호를 입력받는다.

void setup() {
  Serial.begin(9600);    // 9600bps의 속도로 시리얼 통신을 시작한다.
  mq7.begin();           // (1) 센서를 초기화한다.
}

void loop() {
  mq7.read();            // (2) 센서의 값을 측정한다.
  mq7.display();         // (3) 센서의 값을 출력한다.
  delay(1000);           // 1초 동안 대기한다.
}
```

5 센서 동작 확인

센서를 실행하면 다음과 같이 **아두이노–시리얼 모니터**에서 일산화탄소 측정 수치와 상태를 확인할 수 있다.

그림 4-18 MQ-7 센서 출력 화면

아두이노 IDE 시리얼 모니터로 센서 측정값을 출력하고, 출력값에 따라 센서의 상태를 표시한다. 쉽게 공기질의 상태를 알 수 있도록 측정한 센서값은 4단계(좋음, 보통, 나쁨, 매우 나쁨)로 구분하였다. 예를 들어 일산화탄소 농도 값이 2.36ppm이면 보통이다.

표 4-6 MQ-7 센서의 일산화탄소 4단계 표시 기준 및 상태

구분	좋음(Good)	보통(Normal)	나쁨(Bad)	매우 나쁨(Very Bad)
범위	0~2ppm	2.01~9ppm	9.01~15ppm	15.01ppm~

참고문헌

[12] 에어코리아 실시간 대기정보, http://www.airkorea.or.kr/index

[13] 에어코리아 대기환경 기준(국내), https://bit.ly/35OPlB6

[14] 에어코리아 대기환경 기준(해외), https://bit.ly/3oSpuj2

[15] Winsen ZE07-CO Datasheet, https://bit.ly/2LyIt40

[16] 3SP_CO_1000 Package 110−109 Datasheet, https://bit.ly/3bKLpoN

[17] 알리익스프레스 MQ−7, https://aliexpi.com/UjXv

[18] 알리익스프레스 ZE07, https://aliexpi.com/EYBC

[19] Sepc Sensors CO, https://bit.ly/35R3Cgt

[20] 건축물 내 일산화탄소 농도센서 설치에 관한 연구(한국가스안전공사, 2007)

[21] MQ−7_Hanwei Datasheet, "SPECIFICATIONS Standard work condition", p1

[22] MQ−7_Hanwei Datasheet, "Sensitivity characteristic curve", p2

403 MiCS-4514 이산화질소 측정 센서

ARDUINO SENSORS FOR EVERYONE

1 이산화질소

이산화질소(Nitrogen dioxide)는 질소와 산소로 이루어진 적갈색의 자극성이 큰 기체다. 화학식은 NO_2, 몰질량은 36.0055g/mol이다. 물에 대한 용해도가 크기 때문에 대기 중에서 아질산이나 질산으로 변하여 산성비가 내리는 원인이 된다. 주로 자동차, 발전소, 공장 굴뚝과 같은 고열 연소 시 발생된다.

미세먼지와도 관련이 높다. 중국에서 발생한 미세먼지가 바람을 타고 우리나라로 올 때 질소산화물(NOx)과 암모니아가 질산암모늄을 만나 초미세먼지를 만든다. 고농도 미세먼지를 줄이려면 질소산화물 배출을 줄여야 한다.

인체에 미치는 영향

대기 오염의 주요 관심 대상은 질소산화물(NOx: nitrogen oxide)로 일산화질소(NO)와 이산화질소(NO_2)를 말한다. 일산화질소는 공기 중에서 서서히 산화돼 이산화질소가 되는데, 이 이산화질소를 들이마시면 문제가 된다.

이산화질소는 급성 피해와 만성 피해로 구분할 수 있으며, 특히 폐에 큰 영향을 미친다.

- 급성 피해: 눈과 코 자극, 폐출혈, 폐쇄성 기관지염, 폐렴 등이 발생한다.
- 만성 피해: 10~40pppm 고농도에 노출되면 눈, 코 등의 점막에서 만성 기관지염이 발생하고, 장기 흡입 시 폐섬유화, 폐수종 등이 발생한다. 호흡을 통해 인체로 유입된 이산화질소는 폐포까지 깊이 도달하여 헤모글로빈의 산소 운반 능력을 저하시키고, 수 시간 내에 호흡곤란을 수반한 폐수종 염증을 유발할 수 있다.

이산화질소 기준

한국환경공단 에어코리아에서는 실외 이산화질소 대기 오염 정보를 제공하고 있다[23]. 이산화질소 예보등급은 '좋음', '보통', '나쁨', '매우 나쁨' 총 4단계로 나뉘는데, 예측 농도에 따라서 좋음은 0~0.03ppm, 보통은 0.031~0.06ppm, 나쁨은 0.061~0.2ppm, 매우 나쁨은 0.201ppm 이상을 말한다.

- 한국의 기준은 연간 평균치 0.03ppm, 24시간 평균치 0.06ppm, 1시간 평균치 0.10ppm 이다.
- 미국의 기준은 연간 평균치 0.053ppm, 1시간 평균치 0.10ppm이다[24].
- 캐나다의 기준은 연간 평균치 0.017ppm, 1시간 평균치 0.06ppm이다.
- 호주의 기준은 연간 평균치 0.03ppm, 1시간 평균치 0.12ppm이다.

0.08~0.1ppm이라도 장기간 노출되면(7~8년) 아동의 급성 호흡기 질환 발생률이 증가하는 등 인체에 피해를 준다. 0.11ppm에 1시간 노출되면 기도과민성이 증가하여 기관지 천식 환자에게 영향을 준다. 1.6~2ppm에 15분 노출되면 정상인 및 만성기관지염 환자의 기도저항이 증가한다. 1~2ppm에 2시간 30분 노출되면 적혈구가 감소한다. 고농도인 100~150ppm에 40분 노출되면 사망에 이른다.

간이측정기의 이산화질소 가스 측정 성능 비교

간이측정기의 성능을 비교해 보면 어떤 센서를 사용할지 판단하는 데 도움이 된다. 센서를 사용하기 이전에 기본적으로 시중에 유통되는 측정기의 측정 범위, 출력 단위, 해상도(분해능)를 확인해야 한다. 일반적으로 간이측정기의 측정 범위는 **0~20ppm**이다. 그 이상의 성능을 원하면 산업용을 사용해야 한다. 이산화질소 간이측정기의 측정 범위와 해상도는 다음과 같다. 국내 이산화질소 기준(0~0.2ppm)을 측정하는 데 문제가 없다.

그림 4-19 간이측정기의 이산화질소 측정 성능 비교

간이측정기에 사용되는 이산화질소 센서

이산화질소 간이측정기에는 SGX Sensortech Sensor, ZEO3-NO2, RAE System, INDUSTRIAL SCIENTIFIC Ventis, MX6 iBrid xx, Tango, GasBadge Pro 17xx, Radius BZ1XX 등과 각 측정기 제조사에서 자체 제작한 센서가 주로 사용되는데, 간이측정기에 사용되는 센서의 측정 범위, 측정 정확도, 작동 온도/습도, 가격 등을 비교해 보면 다음과 같다.

표 4-7 간이측정기에 사용되는 이산화질소 측정 센서의 성능 비교

구분	MiCS-4514[25]	DGS-NO2[26]	ZE03-NO2[27]
측정 범위(Detect Range)	0.05~10ppm	0~5ppm	0~20ppm
센서 타입(Type)	미세 전자 기계 시스템 (MEMS)	전기화학 (Electrochemical)	전기화학 (Electrochemical)
해상도(Resolution)	0.01ppm	0.02ppm(20ppb)	0.01ppm
응답 시간(Response Time)	〈60초	〈30초	〈150초
출력 신호(Output Signal)	Analog Voltage	UART, USB(Adapter)	UART, Analog
작동 온도(Working Temperature)	-30~85℃	-20~40℃	-20~50℃
작동 습도(Working Humidity)	5~95%	15~90%	15~90%
수명(Working Life)	수년	10년	2년
가격(Price)	US $16.10[28]	US $75.00[29]	US $80.99[30]

※센서 가격(출처: aliexpress 등)은 판매회사 상황에 따라 변동될 수 있다.

이번 절에서는 다양한 종류의 센서 중 MiCS-4514 센서를 설명한다. 물론 MiCS-4514 센서 외에도 다양한 센서가 있으니, 사용하는 목적 및 상황에 따라 센서를 선택하기 바란다(추가 제공하는 센서 리스트 참고).

2 MiCS-4514 센서란?

MiCS-4514 센서는 SGX Sensortech사에서 제작한, 이산화질소(NO_2)를 측정할 수 있는 미세 전자 기계 시스템(Micro Electro Mechanical Systems, MEMS) 센서다.

> **NOTE**
> MEMS란 반도체 제조기술을 이용해 실리콘 기판 위에 3차원 구조물을 형성하는 기술이다. MEMS 센서는 초소형의 고감도 센서로 작게는 마이크로미터(μm)에서 크게는 밀리미터(mm) 정도의 크기를 가지는 전자 기계 소자 기술을 말한다.

MiCS-4514 센서는 NO_2와 CO를 검출하는 Dual Sensor in One SMD Package 제품으로 리드 타임이 짧으며 대기질 모니터링, 가스 누출 감지, 오염 감지 등에 적합하다. CJMCU-4514 센서 모듈은 MiCS-4514 센서를 사용하기 편하게 만든 모듈 제품이다.

그림 4-20 MiCS-4514 센서

MiCS-4514
이산화질소 측정 센서
(SGX sensortech)

CJMCU-4514
센서 모듈

특징

MiCS-4514 센서의 특징은 다음과 같다.

- 소형 디자인(5×7×1.55mm)을 위한 최소 설치 공간

- 열악한 환경을 위한 견고한 MEMS 센서
- 소형 고감도 SMD 타입, 폭넓은 감지 범위
- 짧은 리드 타임, 빠른 응답 속도
- 우수한 진동 충격 내구성, 저 히터 전류 사용

동작 원리

MiCS-4514 센서는 NO_2와 CO 검출량에 따라 저항값이 바뀌는 방식이다. 금속산화물, 일반적으로 SnO_2로 구성된 감지층은 히터 구조에 의해 가열된다. 화학 물질이 표면에 흡수되면 전기 전도성이 국소적으로 변하고, 이로 인해 전기 저항이 변경된다. 따라서 환원 작용에 의해 발생하는 CO, 탄화수소(HC) 및 산화작용에 의해 발생하는 NO_2 가스를 검출할 수 있다.

- NO_2가 있으면 NOX 센서 저항이 증가한다.
- CO 및 HC가 있으면 RED 센서 저항이 감소한다.

MiCS-4514에는 독립적인 히터와 민감한 가스 측정 레이어가 있는 두 개의 센서 칩이 포함되어 있다. 센서 칩 하나는 산화 가스(NOX-이산화질소)를 감지하고 다른 센서 칩은 환원 가스(RED-일산화탄소)를 감지한다. 내부 연결은 다음과 같다.

그림 4-21 MiCS-4514 센서 동작 원리 및 구성[31]

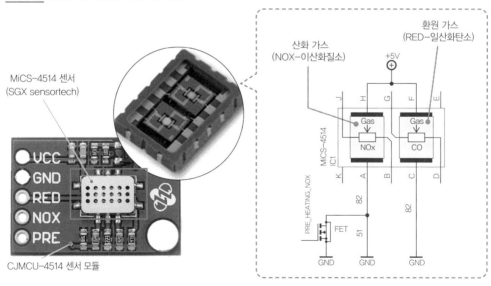

사양

MiCS-4514 센서 사양은 다음과 같다.

그림 4-22 MiCS-4514 센서 사양[32]

모델명(Model Name)	MiCS-4514
대상 가스(Target Gas)	이산화질소(NO_2), 일산화탄소(CO)
센서 타입(Sensor Type)	MEMS MOS(Metal Oxide Semiconductor)
측정 범위(Detection Range)	이산화질소(NO_2): 0.05~10ppm 일산화탄소(CO): 1~1000ppm
해상도(Resolution)	0.01ppm
예열 시간(Preheat Time)	48시간 이상
출력 신호(Output Signal)	아날로그
작동 전압(Working Voltage)	4.9~5.1V
히팅 전력(NOX/RED Heating Power)	50/81mW
히팅 전압(NOX/RED Sensor)	1.7/2.4V
작동 온도(Working Temperature)	−30~85℃
작동 습도(Working Humidity)	5~95%

핀 배열

MiCS-4514 센서는 총 5개의 핀으로 아두이노와 연결할 수 있다. VNOX 핀은 이산화질소(NO_2)를, VRED 핀은 일산화탄소(CO)를 측정한다. PRE 핀은 히터 제어 핀이다.

그림 4-23 CJMCU-4514 모듈 회로도[33]

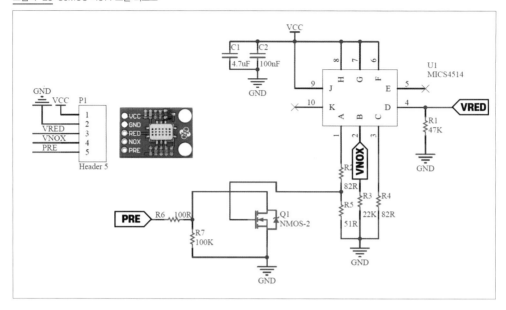

출력값

MiCS-4514 센서는 이산화질소 가스를 검출할 때 가스의 검출량에 따라 저항값이 바뀐다. 이산화질소 가스의 출력값은 다음 그래프와 같은 선형출력 값으로 제공한다.

이산화질소(NO_2)의 경우 저항 R0은 0 근처의 값을 가지며 깨끗한 공기의 센서 저항값을 의미한다. 대기 중에 이산화질소 가스가 존재하면 센서는 저항값을 증가시킨다. 이산화질소 가스 농도에 따라 저항값은 8kOhm과 20kOhm 사이를 왔다 갔다 하며, 0.05~10ppm의 값을 출력한다.

그림 4-24 MiCS-4514 센서의 이산화질소 측정 값의 전형적인 감도 곡선[34]

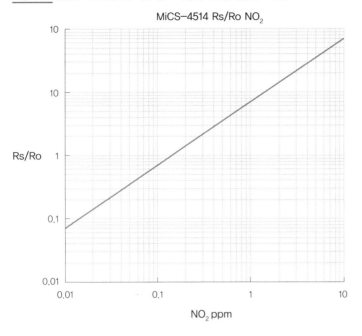

- Rs: 측정 시 센서 저항
- R0: 깨끗한 공기의 센서 저항
- Rs/Ro: 센서의 저항 비

주의 사항

최적의 작동 조건을 유지하고 잘못된 측정값을 피하기 위해 다음 사항에 주의해야 한다.

- 센서 표면에 직접적으로 바람(공기의 흐름)이 닿으면 가열된 히터 온도를 변경시키고, 센서의 저항값도 변화시킨다. 히터 오류로 측정값에 오류가 발생할 수 있으므로 정확히 측정하려면 바람이 없는 장소 또는 바람을 막아줄 수 있는 환경에서 측정해야 한다.
- 정확히 측정하려면 센서를 예열해야 한다. 센서는 예열 시간이 길수록 정밀도가 향상된다.

3 센서 연결하기

MiCS-4514 센서는 아두이노와 5개의 선으로 연결할 수 있다.

그림 4-25 MiCS-4514 센서 연결도

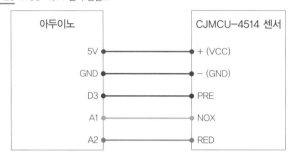

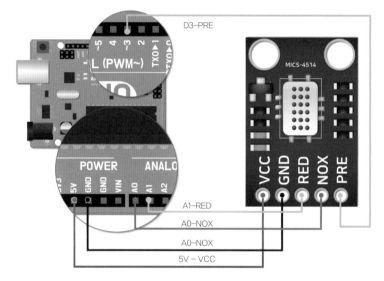

4 소프트웨어 코딩

Steamedu123_Sensor-master 〉 examples 폴더 내에 있는 예제 파일을 실행한다.

- 아두이노 파일: C403_Steam_Air_MiCS-4514_NO2.ino

그림 4-26 MiCS-4514 센서 예제 파일

라이브러리를 객체화하고, begin(), read(), display() 함수를 사용하여 센서를 제어할 수 있다.

그림 4-27 MiCS-4514 센서 코드 설명

외부 및 내부 라이브러리 (Internal / External Libraries)	#include <C403_Steam_Air_MiCS-4514_NO2.h>
인스턴스 (Object Instance)	SteamMICS4514 mics4514(3, A0, A1)

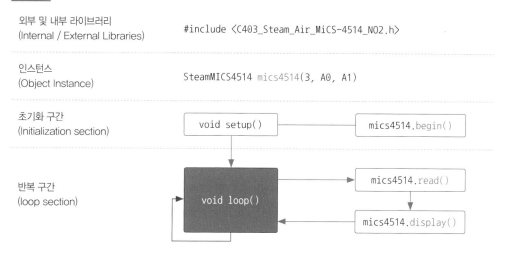

```
#include <C403_Steam_Air_MiCS-4514_NO2.h>   // 내부 라이브러리 헤더 파일

SteamMICS4514 mics4514(3, A0, A1);    // 인스턴스, 핀 번호를 입력받는다.

void setup() {
  Serial.begin(9600);        // 9600bps의 속도로 시리얼 통신을 시작한다.
  mics4514.begin();          // (1) 센서를 초기화한다.
}

void loop() {
  mics4514.read();           // (2) 센서의 값을 측정한다.
```

```
    mics4514.display();        // (3) 센서의 값을 출력한다.
}
```

5 센서 동작 확인

센서를 실행하면 다음과 같이 **아두이노−시리얼 모니터**에서 이산화질소 측정 수치와 상태를 확인할 수 있다.

그림 4-28 MiCS-4514 센서 출력 화면

아두이노 IDE 시리얼 모니터로 센서 측정값을 출력하고, 출력값에 따라 센서의 상태를 표시한다. 쉽게 공기질의 상태를 알 수 있도록 측정한 센서값은 4단계(좋음, 보통, 나쁨, 매우 나쁨)로 구분하였다. 예를 들어 이산화질소 농도 값이 0.05ppm이면 보통이다.

표 4-8 MiCS-4514 센서의 이산화질소 4단계 표준 기준 및 상태

구분	좋음(Good)	보통(Normal)	나쁨(Bad)	매우 나쁨(Very Bad)
범위	0~0.03ppm	0.031~0.06ppm	0.061~0.2ppm	0.201ppm~

![참고문헌]

참고문헌

[23] 에어코리아 실시간 대기정보, http://www.airkorea.or.kr/index

[24] 에어코리아 대기환경 기준(해외), https://bit.ly/3oSpuj2

[25] SGX Sensortech, MiCS-4514 Datasheet, https://bit.ly/2KsNtqe

[26] SEPC SENSORS DGS-NO2 Datasheet, https://bit.ly/3nVcXKi

[27] Winsen ZE03 Datasheet, https://bit.ly/3itQPFV

[28] 알리익스프레서 MiCS-4514, https://aliexpi.com/Ktv2

[29] SEPC SENSORS DGS-NO2, https://bit.ly/3oUOzdj

[30] 알리익스프레스 Winsen ZE03-NO2, https://aliexpi.com/XSHx

[31] 0278_Datasheet-MiCS-4514-rev-16, "MiCS-4514 with measurement circuit(top view)", p3

[32] 0278_Datasheet-MiCS-4514-rev-16, "Parameter RED sensor/OX sensor", p3

[33] CJMCU-4541原理图.pdf

[34] 0278_Datasheet-MiCS-4514-rev-16, "OX sensor, continuous power ON", p1

404 MiCS-6814 암모니아 측정 센서

ARDUINO SENSORS FOR EVERYONE

1 암모니아

암모니아(ammonia)는 질소와 수소로 이루어진 화합물(NH_3)로 상온에서 심한 악취가 나는 무색의 기체다. 물, 알코올 등에 잘 녹는 성질이 있으며, 구리, 알루미늄, 은, 아연 등을 부식시킬 수 있다.

미세먼지의 원인 중 하나이기도 하다. 가축이 배설한 분뇨, 가축분뇨 저장시설, 가축분뇨로 만든 비료 살포 등에서 발생되는 암모니아 가스가 오염 물질을 만나면 초미세먼지가 된다. 농촌에서 퇴비와 물거름 형태로 논밭에 뿌린 축산 분뇨가 미세먼지 생성을 부채질한다. 미세먼지는 황산염, 암모니아 등의 이온 성분과 금속화합물, 탄소화합물 등의 유해 물질로 이루어져 있다. 암모니아, 황산화물, 질소산화물은 초미세먼지를 만드는 최악의 조합이다. 암모니아 배출량만 줄여도 초미세먼지 농도를 낮출 수 있다.

인체에 미치는 영향

암모니아는 코를 찌르고 자극하는 역겨운 냄새를 가지고 있다. 악취 때문에 정신적 스트레스가 쌓이고 심리적으로 불안해지면서 짜증, 히스테리, 불면증 등이 생기기도 한다. 또한, 혈압 상승, 호르몬 분비의 변화에 의한 생식계의 이상, 식욕 및 후각 감퇴, 두통, 구토 등의 증상이 나타나고, 눈이나 인후부에 통증이 오기도 한다.

자연적으로 발생하는 암모니아는 농도가 낮기 때문에 인체에 해로운 영향을 주지 않는다. 하지만 농도가 올라갈수록 눈, 피부, 점막을 심하게 자극하고, 눈에 들어가면 충혈되고 백내장, 녹내장, 화상을 일으킨다. 눈에 자극, 화상, 눈물, 통증, 동상, 결막염, 각막자극과 심하면 조직을 파괴하여 실명할 수 있다. 흡입하면 코점막을 자극하고, 호흡기 자극, 화상, 흉부 자극, 흉통, 기침, 호흡곤란, 인후염, 청색증, 폐부종, 호흡정지, 두통, 메스꺼움, 구토 증상이 나타난다.

또한, 암모니아 가스는 물, 알코올 등에 잘 녹기 때문에 액체 상태에서 피부에 닿으면 자극, 화상, 괴사, 통증을 일으킬 수 있다. 피부 상처를 통해 혈류로 유입 시 전신에 위험한 손상을 일으킬 수 있다.

암모니아 기준

산업안전보건법에서 작업장이나 일상생활에서 허용되는 암모니아 농도 기준을 정하여 관리하고 있다[35]. 허용 기준은 다음과 같다.

- STEL(short term exposure limit): 15분 기준 35ppm
- TWA(time weight average concentration): 8시간 노동 기준 25ppm

암모니아는 축사 내 유독 가스 중 가장 많이 발생한다. 양돈에서의 허용 범위는 25ppm, 권장 수준은 10ppm이다. 암모니아 냄새 감지 최저 농도는 5ppm, 허용 최대 농도는 7~10ppm이다.

6~20ppm의 경우 눈에 자극, 호흡장애를 발생시킬 수 있다. 40ppm의 경우 두통, 구역질, 식욕 감퇴 등이 발생한다. 100ppm의 경우 점막 표면이 자극되고, 400ppm이 되면 코와 목구멍에 직접 자극이 발생한다.

> NOTE
> 미국의 경우 직업 안전 건강 관리청(Occupational Safety and Health Administration, OSHA) 규정에 따라 허용 농도가 50ppm(STEL)이다[36]. 미국산업위생사협회(ACGIH)와 미국 국립 직업안전위생연구소(NIOSH)의 허용 농도는 25(TWA), 35(STEL)ppm이다.

간이측정기의 암모니아 측정 성능 비교

간이측정기의 성능을 비교해 보면 어떤 센서를 사용할지 판단하는 데 도움이 된다. 센서를 사용하기 이전에 기본적으로 시중에 유통되는 측정기의 측정 범위, 출력 단위, 해상도(분해능)를 확인해야 한다. 일반적으로 간이측정기는 0~500ppm의 측정 범위를 가진다. 그 이상의 성능을 원하면 산업용을 사용해야 한다. 암모니아 간이측정기의 측정 범위와 해상도는 다음과 같다. 국내 노출 허용기준(STEL) 35ppm을 측정하는 데 문제가 없다.

그림 4-29 간이측정기의 암모니아 측정 성능 비교

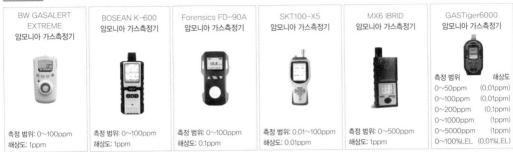

간이측정기에 사용되는 암모니아 센서

암모니아 간이측정기에는 SGX Sensortech, Winsen MQ−137, ZEO3−NH3, ME3−NJ3, RAE System C03−xx, INDUSTRIAL SCIENTIFIC Ventis, MX6 iBrid xx, Tango, GasBadge Pro 17xx, Radius BZ1XX 등과 각 측정기 제조사에서 자체 제작한 센서가 주로 사용되는데, 간이측정기에 사용되는 센서의 측정 범위, 해상도, 작동 온도/습도, 가격 등을 비교해 보면 다음과 같다.

표 4-9 간이측정기에 사용되는 암모니아 측정 센서의 성능 비교

구분	그루브 멀티채널 (MiCS-6814)[37]	MQ-137[38]	ZE03-NH3[39]
제조사	seeed(SGX)	Winsen	Winsen
측정 범위(Detect Range)	1~500ppm	5~500ppm	0~100ppm
센서 타입(Type)	MEMS MOS	반도체식	전기화학식
해상도(Resolution)	0.01ppm	0.01ppm	0.01ppm
응답 시간(Response Time)	〈60초	〈60초	〈150초
출력 신호(Output Signal)	I2C	Analog Voltage	Analog
작동 온도(Working Temperature)	−30~85℃5~95%	−10~55℃15~90%	0~50℃20~90%
작동 습도(Working Humidity)	수년	3~5년	〉1년
가격(Price)	US $57.04[40]	US $26[41]	US $104.52[42]

※ 센서 가격(출처: aliexpress 등)은 판매회사 상황에 따라 변동될 수 있다.

이번 절에서는 다양한 종류의 센서 중 MiCS-6814 센서를 설명한다. 물론 MiCS-6814 센서 외에도 다양한 센서가 있으니, 사용하는 목적 및 상황에 따라 센서를 선택하기 바란다(추가 제공하는 센서 리스트 참고).

2 MiCS-6814 센서란?

SGX Sensortech사의 소형 MOS MiCS-6814 센서를 탑재한 멀티채널 가스 센서가 그루브 멀티채널 가스(Grove Multichannel Gas) 센서 모듈이다. 세 개의 가스 센서(NH_3, CO, NO_2)가 하나의 칩에 포함되어 있어 세 가지 유해 가스를 동시에 측정할 수 있다. 여러 가스를 검출하고자 할 때 유용하게 사용할 수 있는 센서다.

그림 4-30 MiCS-6814 센서

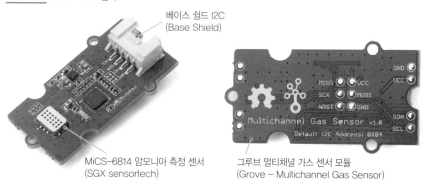

베이스 쉴드 I2C
(Base Shield)

MiCS-6814 암모니아 측정 센서
(SGX sensortech)

그루브 멀티채널 가스 센서 모듈
(Grove - Multichannel Gas Sensor)

이 센서는 산업 배출물로 인한 대기 내 독성 가스를 모니터링(기상 관측소, 오염 모니터링)하거나, 위험한 화학 물질이 사용되는 공장에서 가스를 모니터링하거나, 농장에서 하수도 및 폐기물을 모니터링하는 다양한 분야에서 응용할 수 있다. 예를 들어 축사/돈사를 위한 스마트 시스템이나 지하를 비롯한 밀폐된 장소, 위험 작업 시설, 생산 라인, 터널 공사, 조선소, 오/폐수 처리 시설, 석유화학 공장, 제철소, 정유소 광산 등이 있다.

특징

그루브 멀티채널 가스 센서는 다음과 같은 특징이 있다.

- 패키지 하나에 독립적인 감지 요소(NH_3, CO, NO_2) 세 가지 탑재
- ATmega168PA로 제작
- I2C 인터페이스 제공
- 저전력으로 센서의 히터 전력 차단 가능

동작 원리

그루브 멀티채널 가스 센서는 세 개의 가스를 동시에 측정하는데, 가스 농도에 따라 저항값이 변화하는 원리다.

- 첫 번째 센서: 암모니아 가스를 감지하고, 농도에 따라 센서의 저항은 감소한다.
- 두 번째 센서: 산화 가스(OX)를 감지하고, 오존(O_3)이나 이산화질소(NO_2)의 농도에 따라 센서의 저항은 증가한다.
- 세 번째 센서: 환원 가스(RED)를 감지하고, 일산화탄소(CO) 또는 휘발성 유기 화합물(VOCs) 같은 가스 농도에 따라 저항은 감소한다.

민감한 가스 측정 레이어가 있는 센서 칩 내부 연결 모습은 다음과 같다.

그림 4-31 MiCS-6814 센서 동작 원리 및 구성[43]

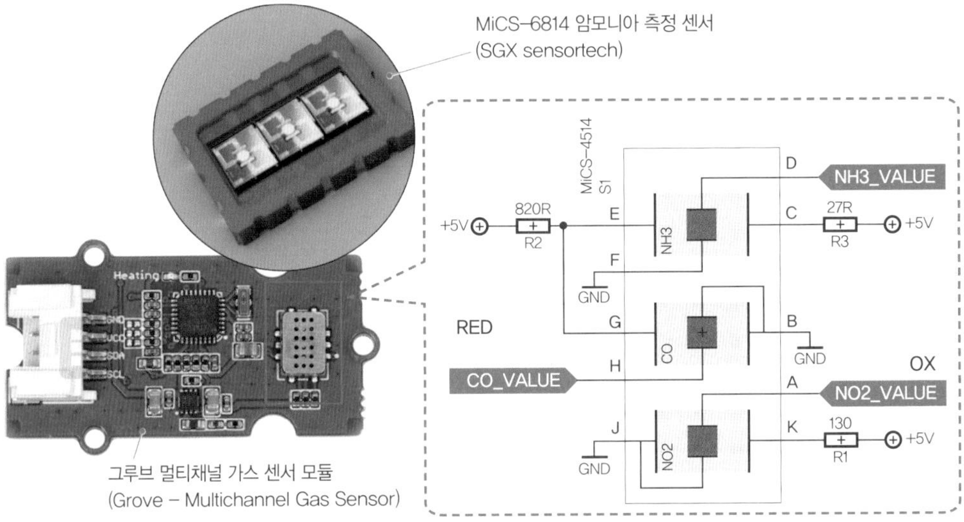

MiCS-6814 암모니아 측정 센서
(SGX sensortech)

그루브 멀티채널 가스 센서 모듈
(Grove - Multichannel Gas Sensor)

사양

그루브 멀티채널 가스 센서(MiCS-6814) 사양은 다음과 같다.

표 4-10 MiCS-6814 센서 사양(그루브 멀티채널 가스 센서)[44]

모델명(Model Name)	그루브 멀티채널 가스 센서(MiCS-6814)
대상 가스(Target Gas)	암모니아(NH_3) 일산화탄소(CO), 이산화질소(NO2), 에탄올(C_2H_5OH), 수소(H_2), 메탄(CH_4), 프로판(C_3H_8), 이소부탄(C_4H_{10})
센서 타입(Sensor Type)	MEMS MOS(Metal Oxide Semiconductor)
측정 범위(Detection Range)	암모니아(NH_3): 1~500ppm 일산화탄소(CO): 1~1,000ppm 이산화질소(NO_2): 0.05~10ppm 에탄올(C_2H_5OH): 10~500ppm 수소(H_2): 1~1,000ppm 메탄(CH_4): >1,000ppm 프로판(C_3H_8): > 1,000ppm 이소부탄(C_4H_{10}): > 1,000ppm
민감도(Sensitivity)	Rs(in 200ppb O3)/ Rs(in air)≥2
예열 시간(Preheat Time)	48시간 이상
출력 신호(Output Signal)	I2C
ADC 정밀도(ADC Precision)	10Bits
I2C 비율(RATE)	100kHz
VIL(@I2C)	−0.5~0.99V
VIH(@I2C)	2.31~5.2V
작동 전압(Working Voltage)	3.1~5.25V DC
Ripple(@Max Power)	80~100mV
최대 전력(Max Power)	150mW
최대 히팅 전력(Max Heating Power)	88mW
작동 온도(Working Temperature)	−30~85℃
작동 습도(Working Humidity)	5~95%

핀 배열

그루브 멀티채널 가스 센서 모듈은 베이스 쉴드(Base shield)에 연결하여 점퍼 와이어 없이 아두이노와 직접 연결할 수 있다. 전원 공급 장치는 3.3V~5V이므로 출력 전압이 3.3V인 마이크로 컨트롤러와 호환된다. I2C 인터페이스를 제공하며, 4개의 선으로 연결할 수 있다. I2C 주소는 0x04를 사용한다.

그림 4-32 그루브 멀티채널 가스 센서 핀 배치도

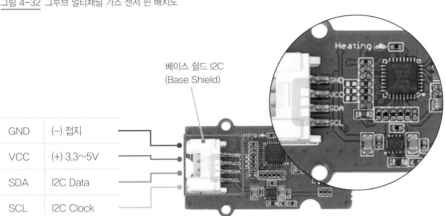

출력값

센서 모듈은 I2C 인터페이스를 가지고 있어 마이크로컨트롤러(ATmega168)와 I2C로 통신할 수 있다. 베이스 쉴드의 I2C 포트에 아두이노를 연결하면 암모니아 가스의 출력값을 얻을 수 있다. 암모니아는 1~500ppm의 범위를 가진다.

그림 4-33 그루브 멀티채널 가스 센서 모듈 인터페이스 블록도[45]

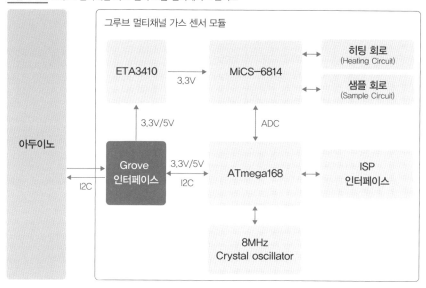

주의 사항

센서가 최적의 작동 조건을 유지하고 잘못된 측정값을 피하기 위해서는 다음 사항에 주의해야 한다.

- 그루브 멀티채널 가스 센서의 출력값은 허용 가능한 오차 범위에서 대략적인 가스 농도 추세만 반영하며 정확한 가스 농도를 나타내지는 않는다. 따라서 가스 농도를 매우 정밀하게 얻어야 하는 경우 이 가스 센서를 권장하지 않는다(더 정확하고 값비싼 센서가 필요하다).
- 지정된 최대 정격보다 히터 전압이 높으면 센서가 과열되어 망가진다.

3 센서 연결하기

그루브 멀티채널 가스 센서는 아두이노와 4개의 선으로 연결할 수 있다. 센서의 VCC, GND, SDA, SCL로 연결한다. 아두이노는 A4(SDA), A5(SCL)핀으로 센서의 측정값을 읽는다.

그림 4-34 MiCS-6814 센서 연결도(그루브 멀티채널 가스 센서)

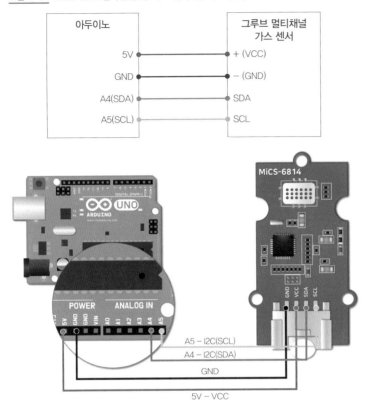

4 소프트웨어 코딩

Steamedu123_Sensor-master > examples 폴더 내에 있는 예제 파일을 실행한다.

- 아두이노 파일: C404_Steam_Air_MICS-6814_MOS.ino

그림 4-35 MiCS-6814 센서 예제 파일

라이브러리를 객체화하고 begin( ), read( ), display( ) 함수를 사용하여 센서를 제어할 수 있다.

그림 4-36 MiCS-6814 센서 코드 설명

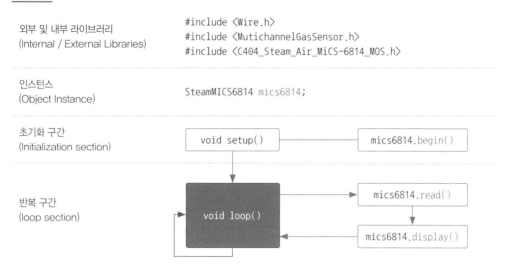

외부 및 내부 라이브러리 (Internal / External Libraries)	#include <Wire.h> #include <MutichannelGasSensor.h> #include <C404_Steam_Air_MiCS-6814_MOS.h>
인스턴스 (Object Instance)	SteamMICS6814 mics6814;

```
#include <C404_Steam_Air_MICS-6814_MOS.h>    // 내부 라이브러리 헤더 파일


SteamMICS6814 mics6814;      // 인스턴스


void setup() {
  Serial.begin(115200);      // 115200bps의 속도로 시리얼 통신을 시작한다.
  mics6814.begin();          // (1) 센서를 초기화한다.
}


void loop() {
  mics6814.read();           // (2) 센서의 값을 측정한다.
  mics6814.display();        // (3) 센서의 값을 출력한다.
  delay(3000);               // 3초 동안 대기한다.
}
```

센서를 실행하면 다음과 같이 **아두이노-시리얼 모니터**에서 암모니아 측정 수치와 상태를 확인할 수 있다. 암모니아뿐만 아니라 일산화탄소, 이산화질소, 에탄올, 수소, 메탄, 프로판, 이소부탄을 함께 측정할 수 있다(에탄올, 수소, 메탄, 프로판, 이소부탄의 측정값은 센서 특성상 대략적인 값을 추정한 것이다).

그림 4-37 MiCS-6814 센서 출력 화면

아두이노 IDE 시리얼 모니터로 센서 측정값을 출력하고, 출력값에 따라 센서의 상태를 표시한다. 쉽게 공기질의 상태를 알 수 있도록 측정한 센서값은 4단계(좋음, 보통, 나쁨, 매우 나쁨)로 구분하였다. 예를 들어 암모니아 농도 값이 41.03ppm이면 나쁨(Bad)이다.

표 4-11 MiCS-6814 센서의 암모니아 4단계 표시 기준 및 상태

구분	좋음(Good)	보통(Normal)	나쁨(Bad)	매우 나쁨(Very Bad)
범위	0~7ppm	8~25ppm	26~100ppm	100ppm~

이번 절에 소개한 소스 코드는 시간에 대한 변수를 반영하지 않고 실시간 측정값 기준으로 단계를 구분하였다. STEL, TWA와 같이 시간 누적 평균을 구하고 싶다면 아두이노와 시간 모듈(RTC)을 사용해 센서 측정값을 구하면 된다.

참고문헌

[35] 산업안전보건법 제 39조 내지 41조, https://bit.ly/38TdKqV

[36] "Toxic FAQ Sheet for Ammonia", Agency for Toxic Substances and Disease Registry (ATSDR), September 2004.

[37] Seeed Grove-Multichannel Gas Sensor, https://bit.ly/2XN4yhp

[38] Winsen MQ137 Datsheet, https://bit.ly/3iqgX4G

[39] Winsen ZE03 Datasheet, https://bit.ly/3itQPFV

[40] 알리익스프레스 Grove Multichannel Gas Sensor, https://aliexpi.com/ZjR8

[41] 알리익스프레스 MQ-131, https://aliexpi.com/8CJX

[42] 알리익스프레스 Winsen ZE03-NH3, https://aliexpi.com/EVQW

[43] 1143_Datasheet-MiCS-6814-rev-8-1144828, "MiCS-6814 with recommended supply circuit(top view)", p3

[44] 1143_Datasheet-MiCS-6814-rev-8-1144828, "Detectable gases", p1

[45] Grvoe Multichannel Gas sensor Block Diagram, https://bit.ly/2XN4yhp

405 DGS-SO2 아황산가스 측정 센서

ARDUINO SENSORS FOR EVERYONE

1 아황산가스

아황산가스(Sulfur dioxide)는 이산화황이라고도 하며, 물에 잘 녹고 무색의 달걀 썩은 냄새가 나는 유독성 기체다. 황산화물(SOx) 중에서 가장 많은 양을 차지하며, 산소 원자 2개와 황 원자 1개로 구성되어 있기 때문에(SO$_2$) 대기 중에서 산화된 후에는 수분과 결합하여 쉽게 황산(H$_2$SO$_4$)으로 변한다. 산성비뿐 아니라 호수, 늪 산성화의 원인이다.

아황산가스는 황을 함유한 석탄, 석유 등의 화석연료가 연소할 때 인위적으로 배출되며, 주요 배출원은 발전소, 난방장치, 금속 제련공장, 정유공장 등이다.

인체에 미치는 영향

아황산가스는 호흡기로 들어와 대부분 상기도(기도에서 기관지, 코 안에 있는 부위) 점막에 흡수된다. 농도가 높을수록 호흡할 때 점막에 많이 흡수되고 기관지까지 도달하는 양도 많아 피해가 커진다. 점막에 흡착된 아황산이 점액과 반응하면 황산을 형성하고, 염증을 일으켜 세균과 바이러스에 의한 2차 감염의 원인이 될 수 있다.

- 급성 피해: 아황산가스에 노출되면 불쾌한 자극성 냄새, 생리적 장애, 압박감, 기도 저항, 코막힘, 콧물, 땀, 기침, 목구멍, 가슴 통증, 목구멍 통증, 재채기, 기침, 가래와 같은 인후 부위의 증상과 호흡곤란이 나타난다. 특히 호흡기 질환 환자, 어린이, 노인에게 위험하다.
- 만성 피해: 급성 피해가 여러 번 반복해서 일어나면 만성 피해로 바뀐다. 폐렴, 기관지염, 천식, 폐기종, 폐쇄성 질환 등이 나타난다.

아황산가스 기준

한국환경공단 에어코리아에서는 실외 아황산가스 실시간 대기 오염 정보를 제공한다[46]. 아황산가스 예보등급은 '좋음', '보통', '나쁨', '매우 나쁨' 총 4단계로 나뉘는데, 예측농도에 따라서 좋음은 0~0.02ppm, 보통은 0.021~0.05ppm, 나쁨은 0.051~0.15ppm, 매우 나쁨은 0.151ppm 이상을 기준으로 정하여 제공하고 있다.

0.03ppm부터 인체에 영향을 주고, 1ppm 이상부터는 인체에 치명적이다. 0.04~0.08ppm에 24시간 노출 시 천식 환자, 어린이, 노인 등 민감군의 호흡기 증상을 유발하고 폐 기능 감소가 발생할 수 있다. 0.4ppm에 15분 노출되면 폐 기능이 10% 감소한다. 0.05ppm 이상에서는 금속 부식, 대리석 건물 손상 등 물질 및 재료에 피해를 주어 재산상의 손해를 끼칠 수 있다.

- 한국의 기준은 연간 평균치 0.02ppm, 24시간 평균치 0.05ppm, 1시간 평균치 0.15ppm이다[47].
- 미국의 기준은 3시간 평균치 0.5ppm 이하, 1시간 평균치 0.075ppm이다[48]. 1년에 1회 이상 초과하면 안 된다.

간이측정기의 아황산가스 측정 성능 비교

간이측정기의 성능을 비교해 보면 어떤 센서를 사용할지 판단하는 데 도움이 된다. 센서를 사용하기 이전에 기본적으로 시중에 유통되는 측정기의 측정 범위, 출력 단위, 해상도(분해능)를 확인해야 한다. 일반적으로 간이측정기는 **0~20ppm의 측정 범위**를 가진다. 그 이상의 성능을 원하면 산업용을 사용해야 한다. 아황산가스 간이측정기의 측정 범위와 해상도는 다음과 같다.

그림 4-38 간이측정기의 아황산가스 측정 성능 비교

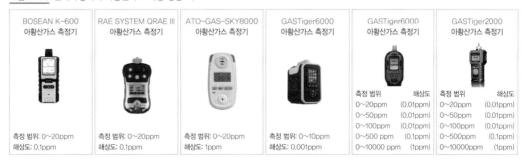

인체에 미치는 기준에 따라 필요한 측정 범위는 0.00~1.00ppm, 해상도는 소수점 두 자리까지 필요하다. 소수점 두 자리 이상이면 원하는 측정 결과를 얻을 수 있다.

간이측정기에 사용되는 아황산가스 센서

아황산가스 간이측정기에는 Winsen ZE03-SO2, ME3-SO2, RAE System C032-xx, SPEC Sensor, INDUSTRIAL SCIENTIFIC Ventis, MX6 iBrid xx, Tango, GasBadge Pro 17xx, Radius BZ1XX, ATI 00-xx, BW 등과 각 측정기 제조사에서 자체 제작한 센서가 주로 사용되는데, 간이측정기에 사용되는 센서의 측정 범위, 해상도, 작동 온도/습도, 가격 등을 비교해 보면 다음과 같다.

표 4-12 간이측정기에 사용되는 아황산가스 측정 센서의 성능 비교

구분	DGS-SO2[49]	EC4-20-SO2[50]	ZE03-SO2[51]
제조사	SPEC Sensors	SGX Sensortech	Winsen
측정 범위(Detect Range)	0~20ppm	0~20ppm	0~100ppm
센서 타입(Type)	전기화학식 (Electrochemical)	전기화학식 (Electrochemical)	전기화학식 (Electrochemical)
해상도(Resolution)	0.05ppm	0.1ppm	0.1ppm
응답 시간(Response time)	〈30초	〈45초	〈30초
출력 신호(Output Signal)	UART, USB	Analog(ADC)	UART, Analog
작동 온도(Working Temperature)	−20~40℃	−20~40℃	−20~50℃
작동 습도(Working Humidity)	15~95%	15~90%	15~90%
수명(Working Life)	5년 이상	2년	2년
가격(Price)	US $20[52]	US $116.97[53]	US $96.6[54]

※ 센서 가격(출처: aliexpress, Digi-Key 등)은 판매회사 상황에 따라 변동될 수 있다.

이번 절에서는 다양한 종류의 센서 중 아두이노로 쉽게 제어가 가능한 DGS-SO2 센서를 설명한다. 센서의 개별 편차가 매우 적고 주위 환경에 매우 안정적으로 작동하여, 산업 현장에서 유독성 가스의 농도를 감시하는 용도로 주로 사용된다. 물론 DGS-SO2 센서 외에도 다양한 센서가

있으니, 사용하는 목적 및 상황에 따라 센서를 선택하기 바란다(추가 제공하는 센서 리스트 참고).

2 DGS-SO2 센서란?

SPEC사의 DGS-SO2(968-038) 센서는 아황산가스를 측정할 수 있다. SPEC사는 센서, 센서 모듈, 센서 개발 키트를 제공하고 있다. 센서만으로 사용하기는 어려우며, 센서 모듈 또는 센서 개발 키트를 사용해야 한다. 센서 개발 키트를 사용하면 SPEC사에서 제공하는 PC용 프로그램을 이용할 수 있으며, USB 연결을 통해 실시간으로 아황산가스 수치를 확인할 수 있다.

그림 4-39 DGS-SO2 센서 모듈

DGS-SO2 센서   DGS-SO2 디지털 센서 모듈   DGS-SO2 센서 개발 키트
                                                    (Uart to USB)

특징

DGS-SO2 센서는 다음과 같은 특징이 있다.

- 저전력: 1mW @ 1분 샘플링
- 센서 오차 교정 및 온도에 대한 보정 출력
- 30초 미만의 빠른 응답
- 간단한 디지털 UART 인터페이스, UART-USB 어댑터 제공(PC에서 수치 확인 가능)
- 온도/습도 통합 센서
- 예상 수명 5년 이상

동작 원리

DGS-SO2 센서는 전기화학식 센서로, 아황산가스의 부피 비율에 비례하는 전류를 생성하는 방식으로 동작한다. 즉, 아황산가스의 산화(환원) 반응 시 발생하는 전자의 양을 감지하는 원리다.

일반적인 전기화학식 센서는 액체 전해질과 접촉하는 두 개의 전극, 센싱 전극과 카운터 전극으로 구성된다.

- 센싱 전극(Sensing Electrode): 아황산가스는 작동(또는 감지) 전극에서 측정된다. 아황산가스의 반응을 최적화하기 위해 선택된 촉매 금속이다. 측정된 아황산가스는 공기 확산 층(Caplillary Diffusion Barrier)으로 들어가 전극과 반응한다. 전기화학적 반응에 의해 생성된 전자는 아황산가스의 양에 기초하여 작동하며, 전류는 센서의 출력 신호를 의미한다. 작동 전류와 가스 농도 사이의 관계는 선형이다.
- 카운터 전극(Counter Electrode): 전기화학 방식의 회로를 완성하기 위해 카운터 전극이 제공된다. 카운터 전극은 두 번째 반전지 역할만 하며, 전자가 작업 전극 반응에 관련된 전자와 동일한 수와 반대 방향으로 전해액에 들어가거나 빠져나갈 수 있도록 한다.

그림 4-40 전형적인 2전극 전기화학 가스 센서[55]

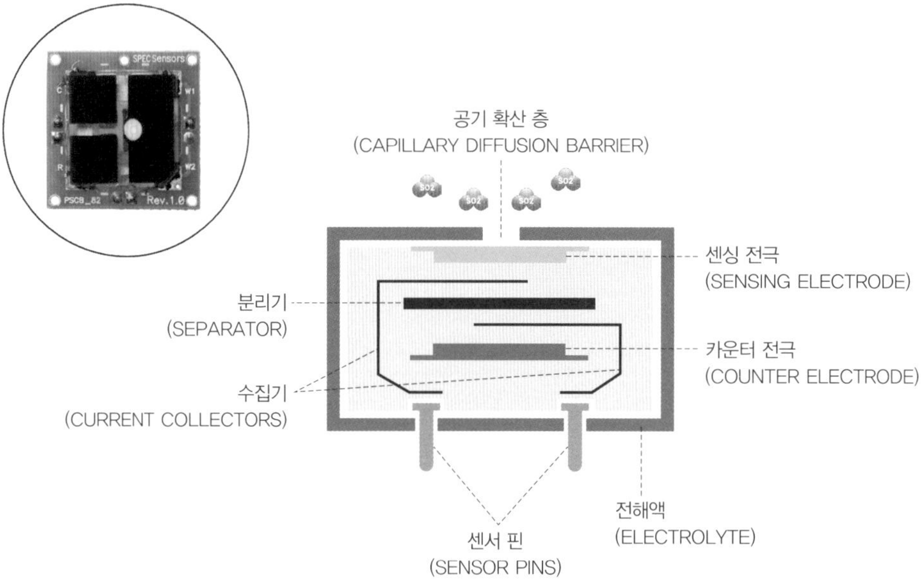

사양

DGS-SO2 센서의 사양은 다음과 같다.

표 4-13 DGS-SO2 센서 사양

모델명(Model Name)	DGS-SO2
대상 가스(Target Gas)	아황산가스(SO_2)
측정 범위(Detection Range)	**0~20ppm**
해상도(Resolution)	50ppb(0.05ppm)
응답 시간(Response Time)	〈30초
출력 신호(Output Signal)	**UART, USB(모듈 사용)**
작동 전압(Working Voltage)	2.6~3.6V
소비 전력(Power Consumption)	1mW(1분) 12mW(5, 10, 30, 60초 주기)
작동 온도(Working Temperature)	−20~40℃
작동 습도(Working Humidity)	15~95%
수명(Expected Product Lifetime)	5년 이상

핀 배열

센서 모듈은 아두이노와 4개의 선으로 연결되며, 전압은 2.6~3.6V를 입력해야 한다.
TXD, RXD는 UART 통신을 위해 3.3V의 논리 레벨을 사용해야 한다.

그림 4-41 DGS-SO2 센서 모듈 핀 배열

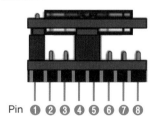
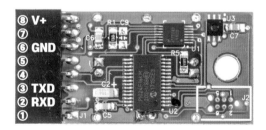

출력값

DGS-SO2 센서의 출력을 보자. 센서에 전원을 공급하면 출력이 급격히 증가한 후 점차 감소한다. 이 프로세스가 완료되면 센서 출력이 가장 정확하고 안정적으로 출력된다. 최상의 결과를 얻으려면 모듈의 전원을 항상 켜두는 것이 좋다. 안정적인 출력값을 위해서 60Hz(60회) 평균을 사용하길 권장한다.

그림 4-42 전원이 공급되지 않은 상태에서 정상적인 센서 시작 동작[56]

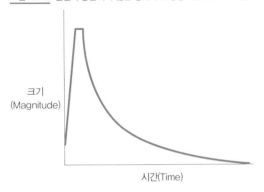

초기 센서 구동 시, 전원 연결 후 1시간 이상 동작(aging)이 필요하다. 또한 ppb 값을 사용하려면 1일 이상 동작시킨 뒤 사용하길 권한다. 참고로 센서는 영점 조정 값 및 Span 교정을 할 수 있다. 온도에 대한 측정값의 변화 폭이 크므로, 이 부분에 대한 보정도 필요하다.

그림 4-43 PC 프로그램으로 확인한 센서의 초기 출력값[57]

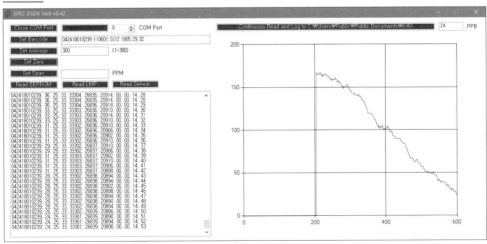

아두이노 시리얼에서 입력창에 'Z'를 입력하면 영점 조정이 된다.

그림 4-44 아두이노 시리얼 센서 교정 방법

주의 사항

최적의 작동 조건을 유지하고 잘못된 측정값을 피하기 위해서는 다음 사항에 주의해야 한다.

- 고온(◇40℃)에서 1개월 이상 작동시키지 않는다.
- 낮은 습도(〈15%)에서 3개월 이상 작동시키지 않는다.
- 센서 테스트 전 PC에서 센서 동작을 확인한 후 아두이노에 연결할 것을 추천한다. 제조
  사에서 제공하는 프로그램을 이용해 센서의 동작을 빠르게 이해할 수 있다.

그림 4-45 DGS-SO2 센서 측정을 위한 PC 프로그램

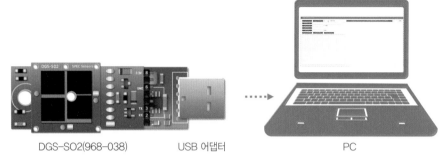

DGS-SO2(968-038)   USB 어댑터   PC

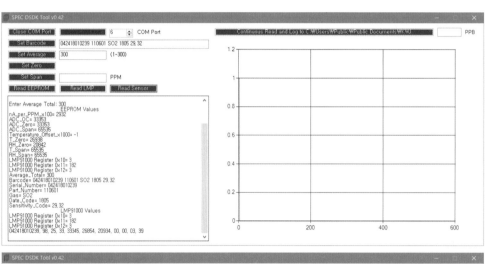

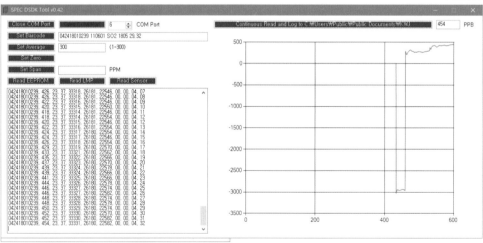

3 센서 연결하기

DGS-SO2 센서 모듈은 3.3V 논리레벨을 사용해서 연결해야 한다. 제조사 라이브러리의 코드를 보면 많은 시점에서 DGS의 TX/RX에 5V가 아닌 2.7~3.3V로 전원을 공급해야 한다고 명시되어 있다. 아두이노 우노는 기본적으로 디지털 핀을 '1'로 전달할 때 센서를 고장 낼 수 있는 5V로 설정되어 있다. 따라서 안정적인 센서값을 측정하기 위해 레벨 컨버터를 사용해야 한다.

아두이노, 레벨 컨버터, DGS-SO2 센서를 다음과 같이 연결할 수 있다.

그림 4-46 DGS-SO2(968-038) 센서 모듈 연결도

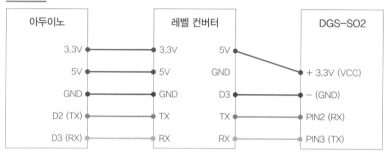

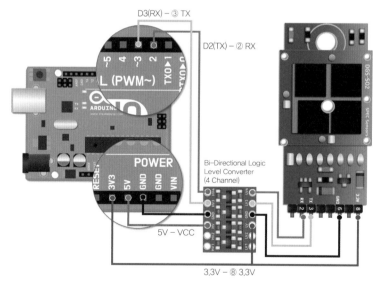

DGS−SO2 센서 모듈을 사용하기 위해서는 3.3V 레벨 컨버터를 사용하지 않고, 아두이노 프로 미니 3.3V를 사용할 수 있다. 아두이노 프로 미니에는 USB 포트가 없고 핀만 있기 때문에 아두이노를 프로그래밍하려면 USB/UART−TTL 변환기가 필요하다.

다음은 3.3V가 지원되는 아두이노 프로 미니를 사용하여 레벨 컨버터 없이 센서를 연결한 모습이다.

그림 4-47 DGS−SO2(968−038) 센서 모듈과 아두이노 프로 미니 연결도

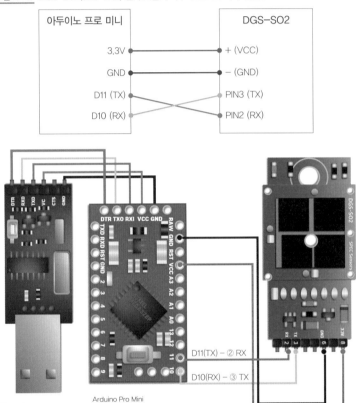

4 소프트웨어 코딩

Steamedu123_Sensor-master 〉 examples 폴더 내에 있는 예제 파일을 실행한다.

- 아두이노 파일: C405_Steam_Air_DGS-SO2_SO2.ino

그림 4-48 DGS-SO2 센서 예제 파일

라이브러리를 객체화하고 begin( ), read( ), display( ) 함수를 사용하여 센서를 제어할 수 있다.

그림 4-49 DGS-SO2 센서 코드 설명

외부 및 내부 라이브러리
(Internal / External Libraries)

```
#include <DGS.h>
#include <C405_Steam_Air_DGS-SO2_SO2.h>
```

인스턴스
(Object Instance)

```
SteamDGSSO2 dgSO2();
```

초기화 구간
(Initialization section)

반복 구간
(loop section)

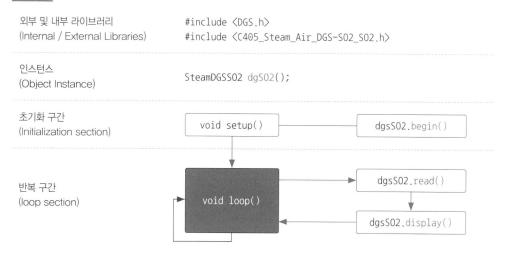

```
#include <C405_Steam_Air_DGS-SO2_SO2.h>    // 내부 라이브러리 헤더 파일


SteamDGSSO2 dgsSO2();    // 인스턴스, 핀 번호를 입력한다.

void setup() {
  Serial.begin(9600);    // 9600bps의 속도로 시리얼 통신을 시작한다.
  dgsSO2.begin();        // (1) 센서를 초기화한다.
}

void loop() {
  dgsSO2.read();         // (2) 센서의 값을 측정한다.
  dgsSO2.display();      // (3) 센서의 값을 출력한다.
}
```

Steamedu123_Sensor−master의 src 폴더의 C405_Steam_Air_DGS−SO2_SO2.h 파일 내에 있는 제품의 고유 번호를 변경해야 한다. 스마트폰으로 QR코드를 인식하면 시리얼 번호, 센서 부품 번호, 대상 가스, 날짜 코드, 감도 코드를 알 수 있다.

그림 4-50 DGS-SO2 센서 고유 번호 확인

센서 뒷면   QR코드 인식 번호

다음 setupBarcode 값을 구입한 제품에 맞게 변경한다.

String const setupBarcode = "042418010239 110601 SO2 1805 29.32";

5 센서 동작 확인

센서를 실행하면 다음과 같이 **아두이노-시리얼 모니터**에서 아황산가스 측정 수치와 상태를 확인할 수 있다.

그림 4-51 DGS-SO2 센서 출력 화면

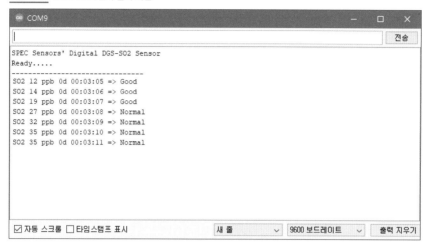

아두이노 IDE 시리얼 모니터로 센서 측정값을 출력하고, 출력값에 따라 센서의 상태를 표시한다. 쉽게 공기질의 상태를 알 수 있도록 측정한 센서값은 4단계(좋음, 보통, 나쁨, 매우 나쁨)로 구분하였다. 예를 들어 아황산가스 농도 값이 27ppb이면 보통(Normal)이다.

표 4-14 DGS-SO2 센서의 아황산가스 4단계 표시 기준 및 상태

구분	좋음(Good)	보통(Normal)	나쁨(Bad)	매우 나쁨(Very Bad)
범위	0~20ppb (0~0.02ppm)	21~50ppb (0.021~0.05ppm)	51~150ppb (0.051~0.15ppm)	151ppb~ (0.151ppm~)

참고문헌

[46] 에어코리아 실시간 대기 정보, http://www.airkorea.or.kr/index

[47] 에어코리아 대기환경 기준(국내), https://bit.ly/35OPlB6

[48] 에어코리아 대기환경 기준(해외), https://bit.ly/3oSpuj2

[49] SPEC Seonsor DGS-SO2 968-038, https://bit.ly/2XRMPW9

[50] SGX, EC4-20-SO2 Datasheet, https://bit.ly/3oTsMCR

[51] Winsen ZE03 Datasheet, https://bit.ly/3itQPFV

[52] SEEC Sensor SO2 센서, https://bit.ly/3imlAfX

[53] Digi-key 쇼핑몰 EC4-20-SO2, https://bit.ly/38SrC4Q

[54] 알리익스프레스 쇼핑몰 - Winsen ZE03-SO2, https://aliexpi.com/WGr5

[55] o3.spec-3sp-o3-20.pdf, "figure 1: Typical 2 electrode Electrochemical Gas sensor", p1

[56] DS_968-038-DGS-SO2.pdf, "The time and magnitude of this response may vary depending on the sensor type and the length of time the sensor has ben unpowered.", p5

[57] [Spec 센서] DGS 테스트 프로그램 - DSDK_Tool_v0.42.zi, https://bit.ly/3iocWO2

5장

대기 환경
측정 센서

대기는 지구 위에 존재하는 전체 기상을 의미한다.
기상(whether)은 대기 중에서 일어나는 하나하나의
물리적 현상이다. 대기 오염이란 실외 공기(Ambient air)
의 오염을 포함하며, 대기 중에 먼지, 유해가스 등의 오염
물질이 사람, 재산, 동/식물 등에 나쁜 영향을 미칠 정도
로 특정 지역에 다량으로 존재하는 현상이다. 대기 오염
은 오염 물질의 물리적 특성 외에도 압력, 온도, 습도,
바람(풍향 및 풍속), 자외선 등 대기 환경과 밀접한
관련이 있다.

501 BME280 기압 측정 센서

ARDUINO SENSORS FOR EVERYONE

1 기압

기압(atmospheric pressure)은 공기의 압력이다. 지구 해수면으로부터 1,000km 높이로 쌓인 공기의 무게를 말하며 대기압이라고도 한다. 단위는 atm(기압), pa(파스칼), mb(밀리바), mmHg(수은주밀리미터) 등이 사용된다.

1atm(기압) = 101325Pa(파스칼) = 1013.25hPa(헥토파스칼)= 1,013.25mb = 760mmHg

날씨 정보를 보면 기온, 기압, 풍향, 풍속을 표시한 일기도가 있다. 그중 기압을 나타내는 등압선은 1,000hPa을 기준으로 4hPa 간격으로 압력이 같은 지점을 곡선으로 연결해 그린다. 등압선 간격이 좁을수록 바람이 세게 분다는 것을 의미한다.

기압은 고기압과 저기압으로 구분된다. 고기압은 현재 지역이 주변보다 기압이 높은 상태로, 고기압에서는 중심에서 주변으로 바람이 불어 나가므로 하강 기류가 생겨 날씨가 맑다. 반면 저기압은 현재 지역이 주변보다 기압이 낮은 상태로, 저기압에서는 주변에서 중심으로 바람이 불어 들어오므로 상승 기류가 생겨 날씨가 흐리다.

인체에 미치는 영향

- **고기압:** 고기압이 지나가면 하강 기류 때문에 상층에 있는 미세먼지까지 사람이 생활하는 지표에 머무르는 대기 정체 현상이 발생한다. 대기가 정체되면 발전소, 차량, 공장 등 다양한 대기 오염 배출원에서 배출한 대기 오염 물질(미세먼지, 아황산가스, 이산화질소, 오존 등)이 대기 중에 체류하는 시간이 길어진다. 결국 오염 물질의 농도가 짙어져 호흡, 피부 등을 통해 인체에 나쁜 영향을 준다[1][2][3][4].

- **저기압**: 대기 오염 물질을 분산시켜 맑은 공기를 만들어 주지만 기상병을 유발한다. 기상 병은 기온, 습도, 기압의 변화로 평소 앓고 있던 질환의 증세가 악화되거나 새롭게 질병 이 생기는 것을 말하며, 온도와 습도의 변화가 클수록 그 정도가 심해진다. 주로 관절염, 우울증, 두통, 치통, 두드러기 등의 증상을 발생시킨다.

기압 기준

일반적으로 대기질 관련 법규에서 기압은 25℃, 1atm(=1013.25hPa)을 기준으로 한다.

하지만 기압은 상대적이라 1013hPa 이상이면 고기압, 미만이면 저기압이라고 구분하지 않는다. 고기압이냐 저기압이냐를 구분하는 기준은 1기압이 아니라 주변의 기압이다. 예를 들어 현재 지역의 기압이 500hPa이고, 주위 지역의 기압이 400hPa이라면, 500hPa인 지역은 고기압이다. 또한, 현재 위치가 1030hPa인데도 주변보다 기압이 낮다면 1030hPa이 저기압이 될 수 있고, 반대로 990hPa이 주변보다 기압이 높다면 990hPa이 고기압이 될 수도 있다.

간이측정기

간이측정기의 성능을 비교해 보면 어떤 센서를 사용할지 판단하는 데 도움이 된다. 센서를 사용하기 이전에 기본적으로 시중에 유통되는 측정기의 측정 범위, 출력 단위, 해상도(분해능)를 확인해야 한다. 일반적인 간이측정기의 측정 범위는 **300~1100hPa**이다. 기압 간이측정기의 측정 범위와 해상도는 다음과 같다.

그림 5-1 간이측정기의 기압 측정 성능 비교

Traceable Barometer 기압계	YINCALI AZ8902 기압계	TEST 1162 기압계	Ambient WS-2902A 기상관측기 (기압)	TP3000WC 기상관측기 (기압)
측정 범위　　　해상도 300~1,100hPa(mb)　(0.1hPa) 30,000~110,057Pa −700~9000m　　　(1m)	측정 범위　　　해상도 300~1,100hPa(mb)　(0.1hPa) 30,000~110,057Pa −700~9000m　　　(1m)	측정 범위　　　해상도 300~1,200 hPa(mb)　(0.1hPa) 70,000~120,000Pa	측정 범위　　　해상도 296~1,100 hPa(mb) 29,969~110,057Pa 8.85~32.5in.Hg　(0.01inHg)	측정 범위　　　해상도 296~1,100hPa(mb) 29,969~110,057Pa 8.85~32.5in.Hg　(0.01inHg)

간이측정기에 사용되는 기압 센서

기압 간이측정기에는 Bosch BMExx, BMPxx, NXP MPL115A1, MPL3115A2, Infineon DPSxx, ST LPSxx, Delta Ohm 등의 센서가 많이 사용되는데, 간이측정기에 사용되는 센서의 측정 범위, 해상도, 출력 신호, 작동 온도, 가격 등을 비교해 보면 다음과 같다.

표 5-1 간이측정기에 사용되는 기압 센서의 성능 비교[5]

구분	BME280[6]	MS5540	MPL115A1[7]
측정 범위(Detect Range)	300~1100hPa	10~1100hPa	50~1150hPa
해상도(Resolution)	0.18hPa, (오차 ±1hPa @ ±1m)	0.1hPa	1.5hPa(0.15kPa) 오차 ±10hPa
출력 신호(Output Signal)	I2C	Digital	SPI
작동 전압(Working Voltage)	3.3~5V	2.2~3.6V	3.3~5V
작동 온도(Working Temperature)	−40~85℃	−40~85℃	−40~105℃
가격(Price)	US $1.87[8]	US $8.75[9]	US $19.53[10]

이번 절에서는 다양한 종류의 센서 중 BME280 센서를 사용한다. 간이측정기에 사용되는 측정 센서 중 측정 범위, 출력 신호, 가격, 센서 구입 방법 등을 고려하여 BME280 센서를 선택하였다. 물론 BME280 센서 외에도 다양한 센서가 있으니, 사용하는 목적 및 상황에 따라 센서를 선택하기 바란다(추가 제공하는 센서 리스트 참고).

2 BME280 센서란?

보쉬(Bosch)사의 BME280 센서는 기압, 온도, 습도를 측정할 수 있는 센서다. 모든 종류의 날씨/환경 감지에 적합하다. BME280 센서를 사용하기 위한 GY-BME280 센서 모듈은 I2C 인터페이스를 제공한다. Gravity, Sparkfun, waveshare, adafruit 등에서도 센서 모듈이 제공되고 있으며, 성능은 동일하다.

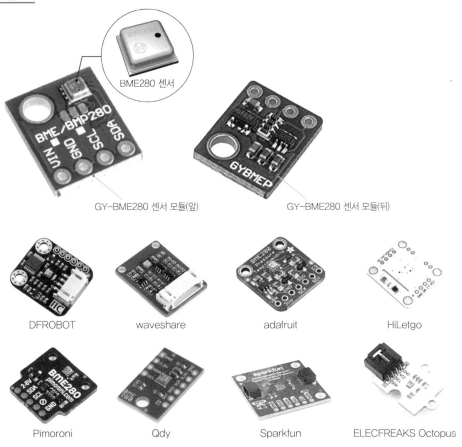

그림 5-2 BME280 센서 모듈

BME280 센서

GY-BME280 센서 모듈(앞)   GY-BME280 센서 모듈(뒤)

DFROBOT   waveshare   adafruit   HiLetgo

Pimoroni   Qdy   Sparkfun   ELECFREAKS Octopus

센서는 비행 완구, 드론, 휴대폰, 태블릿 PC 및 GPS 장치 같은 휴대용 제품, 내비게이션 시스템, 휴대용 헬스케어 장치, 홈 기상 관측소, 시계, 대형 가전제품 등에 사용할 수 있다.

특징

BME280 센서는 다음과 같은 특징이 있다.

- 온도 ±1.0℃, 습도 ±3%, 대기압 ±1hPa 정확도로 측정 가능. 기압은 고도에 따라 변하고 압력 측정 값이 ±1미터 정확하여 고도계로도 사용 가능
- 모바일 애플리케이션 및 웨어러블을 위해 특별히 개발된 센서로 크기가 작고 저전력으로 구동 가능

- 매우 빠른 응답 시간 제공. 상황 인식(Context Aware) 상태 및 광범위한 온도 범위에서도 높은 정확도로 동작

동작 원리

BME280 센서는 검증된 감지 원리를 기반으로 기압 및 온도를 측정한다.

기압 센서의 대표적인 방식은 실리콘(Si) 반도체를 사용한 피에조 저항 방식이다[11]. 센서에 압력이 가해졌을 때 저항 브릿지의 변형을 저항치 변화로 검출하여, 압력(기압)을 산출하는 원리다.

사양

BME280 센서의 사양은 다음과 같다.

표 5-2 BME280 센서 사양[12]

모델명(Model Name)	BME280
대상(Target)	기압, 온도, 습도
측정 범위(Detection Range)	• 기압(Pressure): 300∼1,100hPa(해상도 0.18hPa, 오차 ±1hPa @ ±1m) • 고도(Altitude): 0∼9,144m(오차 ±1m) • 온도(Temperature): −40∼85℃ (해상도 0.01℃, 오차 ±1℃) • 습도(Humidity): 0∼100% (해상도 0.008%, 오차 ±3%)
응답 시간(Response Time)	1s
출력 신호(Output signal)	• I2C(Address 0x76(Default), 0x77, Clock Max 3.4Mhz) • SPI(3 및 4선, 최대 10MHz)
작동 전압(Working Voltage)	3.3V 또는 5V
VDDIO 인터페이스 전압 범위 (Interface Voltage Range)	1.2∼3.6V
3.6V−전류 소비 1.8uA @ 1Hz 습도 및 온도 (Current Consumption 1.8uA @ 1Hz Humidity and Temperature)	• 2.8uA @ 1Hz 압력 및 온도 • 3.6uA @ 1Hz 습도, 압력 및 온도 • 0.1uA (절전 모드)
압력 RMS 노이즈(Pressure RMS Noise)	0.2Pa

모델명(Model Name)	BME280
압력 온도 오프셋 (Offset Temperature Coefficient)	±1.5Pa/K
작동 온도(Working Temperature)	−40~85℃
작동 습도(Working Humidity)	0~100%
크기(Physical Size)	13x10.5mm

핀 배열

BME280 센서는 I2C 및 SPI(3선/4선) 디지털 직렬 인터페이스를 지원한다. GY-BME280 센서 모듈은 I2C 통신을 위해 4개의 PIN을 사용한다.

그림 5-3 BME280 센서 모듈(GYBMEP) 구성[13]

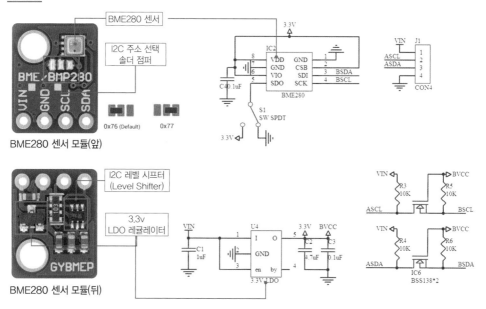

GY-BME280 센서 모듈에는 온보드 LM6206 3.3V 레귤레이터 및 I2C 레벨 시프터가 제공되어 아두이노와 같은 3.3V 또는 5V 로직 마이크로 컨트롤러와 함께 사용할 수 있다.

기본적으로 I2C 주소의 솔더 점퍼는 중간 구리 패드 왼쪽에 연결되며, 이는 GY-BME280 센서 모듈의 기본 I2C 주소를 0x76으로 제공한다.

출력값

BME280 센서는 기압(Pressure), 고도(Altitude), 온도(Temperature), 습도(Humidity)를 출력한다. 데이터시트에 따르면 오버 샘플링 옵션, 필터 설정, 센서 모드를 활용하여 원하는 대로 다양하게 설정할 수 있다. 날씨 모니터링, 습도 센싱, 실내 모니터링 등 상황에 맞게 센서의 설정값을 변경하여 사용할 수 있다.

주의 사항

최적의 작동 조건을 유지하고 잘못된 측정값을 피하기 위해 구입 시 센서 모양을 확인해야 한다.

GY-BME280는 온도, 습도, 기압을 지원하지만 GY-BMP280은 온도, 기압만 지원한다. BME280, BMP280은 센서 구멍 위치로 구분할 수 있다. 센서 구멍이 아래로 향해 있으면 BME280이다. 좀더 확실히 구분하는 방법은 BME280 라이브러리를 설치하고 센서ID를 확인하는 것이다. 센서ID는 BMP280 0x58, BME280 0x60이다.

다음과 같이 두 센서는 3.3V와 5.5V를 구분하여 판매되고 있다. 모양이 다르므로 구입 시 주의해야 한다. 아두이노 우노를 사용한다면 5V 센서를 구입하면 된다.

그림 5-4 BME280과 BMP280의 구분

BME280-3.3V   BMP280-3.3V   BME280-5V   BMP280-5V

3 센서 연결하기

GY-BME280 센서 모듈과 아두이노가 I2C 통신하려면 4개의 선을 연결해야 한다.

그림 5-5 BME280 센서 연결도

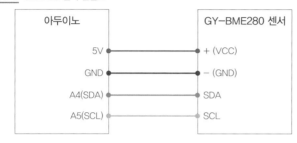

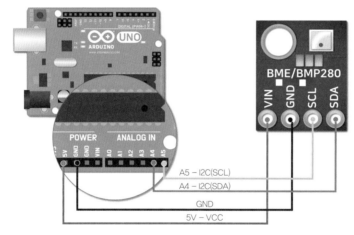

4 소프트웨어 코딩

Steamedu123_Sensor-master 〉 examples 폴더 내에 있는 예제 파일을 실행한다.

- 아두이노 파일: C501_Steam_Air_BME280_hPA.ino

그림 5-6 BME280 예제 파일

라이브러리를 객체화하고, begin( ), read( ), display( ) 함수를 사용하여 센서를 제어할
수 있다.

그림 5-7 BME280 센서 코드 설명

외부 및 내부 라이브러리 (Internal / External Libraries)	`#include <Seeed_BME280.h>` `#include <C501_Steam_Air_BME280_hPa.h>`
인스턴스 (Object Instance)	`SteamBME280 bme280;`

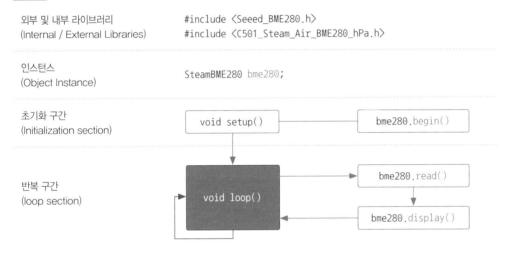

```
#include <C501_Steam_Air_BME280_hPa.h>    // 내부 라이브러리 헤더 파일


SteamBME280 bme280;      // 인스턴스, 핀 번호를 입력한다.


void setup() {
  Serial.begin(9600);    // 9600bps의 속도로 시리얼 통신을 시작한다.
  bme280.begin();        // (1) 센서를 초기화한다.
}
```

```
void loop() {
  bme280.read();         // (2) 센서의 값을 측정한다.
  bme280.display();      // (3) 센서의 값을 출력한다.
  delay(1000);           // 1초 동안 대기한다.
}
```

5 센서 동작 확인

센서를 실행하면 다음과 같이 **아두이노-시리얼 모니터**에서 기압 측정 수치와 상태를 확인할 수 있다. 또한, 온도와 습도, 해수면으로부터 현재 높이도 함께 출력한다.

그림 5-8 BME280 센서 출력 화면

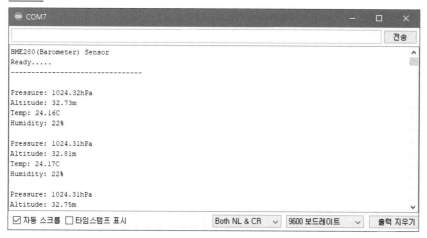

참고문헌

[1] 이현주, 정여민, 김선태, 이우섭, 한반도 미세먼지 발생과 연관된 대기패턴 그리고 미래 전망, 한국 기후변화학회지, 2018

[2] 김민경, 정우식, 이화운, 도우곤, 유은철, 부산지역 고농도 미세먼지 발생시 역궤적과 기압배치 분석, 한국대기환경학회 학술대회논문집, 2014

[3] 최지원, 황경엽, 대기압의 변화에 따른 휘발성 오염물질의 토양에서 대기로의 거동, 2005

[4] 유승희, 김현철, 김병욱, 김순태, 2015년 10월 고농도 미세먼지 사례 분석: 기압 패턴과 국외 기여도, 한국대기환경학회 학술대회논문집, 2018

[5] Gabriel Yurko, Real-Time Sensor Response Characteristics of 3 Commercial Metal Oxide Sensors for Detection of BTEX and Chlorinated Aliphatic Hydrocarbon Organic Vapors, 2019 (https://bit.ly/39FHFCn)

[6] BME280 datasheet, https://bit.ly/3oSPo6s

[7] MPL115A1 datasheet, https://bit.ly/3oUt5gC

[8] 알리익스프레스 BME280, https://aliexpi.com/iawT

[9] 알리익스프레스 MS5540, https://aliexpi.com/vbdu

[10] 알리익스프레스 MPL115A1, https://bit.ly/3oTOBCb

[11] Small and precise: barometric pressure sensors, https://bit.ly/2M0rcAw

[12] BME280 Combined humidity and pressure sensor datasheet, "Key features", p1

[13] BME280 Circuit, https://aliexpi.com/lzxd

502 GUVA-S12SD 자외선 측정 센서

ARDUINO SENSORS FOR EVERYONE

1 자외선

햇빛은 가시광선, 자외선, 적외선으로 구성된다. 자외선(Ultraviolet, UV)은 파장 길이에 따라 세 가지(A, B, C)로 나뉘는데 이 중 UV-C는 오존층에서 차단된다.

- UV-C(100~280nm(nanometer, 나노미터)): 가장 파장이 짧은 자외선으로 인체에 가장 유해하나 대부분 오존층에서 사라진다. 하지만 식기세척기, UVC 살균 램프 등에서 인위적으로 발생한다.

UV-A와 UV-B는 눈, 피부에 직접 영향을 미친다. 이번 절에서는 좀더 강하고 인체에 더 많은 영향을 미치는 UV-B에 초점을 맞춰 설명한다.

- UV-A(315~400nm): 가장 파장이 가장 긴 자외선으로 오존층에서도 사라지지 않고 흐린 날에도 존재하며 피부를 검게 태우는 주범이다.
- UV-B(280~315nm): 중간 정도 파장을 가진 자외선으로 가장 강렬한 세기를 가지고 있다. 우리가 뜨겁다고 느끼는 햇빛이 여기에 속한다. 95% 이상이 오존층에서 차단되지만, 오존층이 파괴되면서 영향이 세지고 있다. 해수욕장 등에서 피부에 화상을 입혀 벌겋게 만드는 자외선이다. 유리는 통과하지 못한다. 또한, 흐린 날에도 오히려 자외선 UV-B가 구름을 뚫고 내려와서 2차 오염물질을 생성한다.

인체에 미치는 영향

자외선은 인체에 좋은 영향과 나쁜 영향을 준다.

- 좋은 영향: 비타민 D를 만들고 뼈 형성에 도움을 준다. 또한, 칼슘의 항상성을 유지하고 인슐린 분비를 촉진하며 암세포를 억제하는 역할을 한다. 자외선 살균기, 가정용 칫솔 살균기 등 생활 제품에 소독용으로도 사용된다.
- 나쁜 영향: 햇빛은 1군 발암물질로 지정됐을 정도로 인체에 치명적일 수 있다. 강한 자외선에 바로 노출되면 눈, 피부 등에 광각막염, 각막이나 수정체 피막하 백내장, 홍반 반응, 일광화상 반응, 색소 반응 등이 생길 수 있다. 전 세계의 실명인 약 3,500만의 절반 가까이는 백내장 때문인데, 이 중 20%가 자외선(UV-B)에 의한 백내장으로 추정된다. 또한, 여름철 30분 이상 뜨거운 태양광선(UV-B)에 노출되면 피부에 홍반이 나타나는데, 혈관이 확장하고, 혈류가 증가하며, 혈관의 투과성이 높아져 피부가 빨갛게 된다[14][15][16].

또한, 자외선은 2차 대기 오염 물질을 생성한다[17].

- 1차 오염 물질: 대기로 배출될 때 상태 그대로 존재하는 물질(예: 먼지, 황산화물, 질소산화물, 탄화수소 등)을 말한다.
- 2차 오염 물질: 1차 오염 물질과 자외선이 대기 중에서 광화학 또는 산화반응을 일으켜 새롭게 생성된 물질을 말한다. 대표적으로 오존과 질산과산화아세틸(PAN, peroxyacetyl nitrate)이 있다.

자외선과 오존은 서로 관련이 높다. 오존에 대한 내용은 401장을 참고하자.

자외선 기준

기상청 날씨누리에서 자외선 지수를 제공하고 있다[18]. 자외선 지수는 0~11까지 표시되며 지수 범위에 따라 예보 5단계로 구분된다. **예보는 햇빛에 과도하게 노출됐을 때 인체에 예상되는 위험에 대한 경고를 의미한다.**

- 지수 범위가 2 이하(낮음 단계): 보호 조치가 필요 없다.
- 지수 범위가 3~5 이하(보통 단계): 2~3시간 햇빛에 노출 시 피부 화상을 입을 수 있다.
- 지수 범위가 6~7 이하(높음 단계): 1~2시간 햇빛에 노출 시 피부 화상을 입을 수 있다.
- 지수 범위가 8~10 이하(매우 높음 단계): 수십 분 햇빛에 노출 시 피부 화상을 입을 수 있어 매우 위험하다.

- 지수 범위가 11 이상(위험 단계): 가장 위험하다. 가능한 실내에 머물러야 한다.

간이측정기의 자외선 측정 성능 비교

간이측정기의 성능을 비교해 보면 어떤 센서를 사용할지 판단하는 데 도움이 된다. 센서를 사용하기 이전에 기본적으로 시중에 유통되는 측정기의 측정 범위, 출력 단위, 해상도(분해능)를 확인해야 한다. 일반적인 간이측정기는 UVA, UAB, UVC를 측정할 수 있는 파장대의 제품을 사용하며, 일부 제품은 교체형 프로브(Probe)를 제공하여 원하는 파장대를 측정할 수 있다.

UV 단위는 ㎽/㎠(밀리와트 퍼 제곱센티미터, Mili-Watt Per Squared Centimeter)를 사용한다. ㎽/㎠는 UV 강도 단위로 1평방 센치당 조사되는 UV 에너지가 1mW라는 의미다. 또한 자외선 지수와 같이 인덱스값을 출력하는 제품도 있다. 자외선 간이측정기의 측정 범위와 해상도는 다음과 같다.

그림 5-9 간이측정기의 자외선 측정 성능 비교

간이측정기에 사용되는 자외선 센서

자외선 간이측정기에는 Genicom사의 GUVD-MGxx, Lapis ML8511, Silicon Labs SI1145, Vishay VEML6070, Delta Ohm LP90xx, LP47XX 등과 각 측정기 제조사에서 자체 제작한 센서가 주로 사용되는데, 간이측정기에 사용되는 센서의 측정 범위, 작동 온도, 가격 등을 비교해 보면 다음과 같다.

표 5-3 간이측정기에 사용되는 자외선 측정 센서의 성능 비교

구분	GUVA-S12SD[19]	ML8511(GY8511)[20]	SI1145(GY1145)[21]
측정 파장(Wavelength)	240~370nm	280~390nm	280~950nm
출력 신호(Output Signal)	아날로그	아날로그	I2C
작동 전압(Operation Voltage)	3.3~5V	2.7~3.6V	3.3~5V
작동 온도(Working Temperature)	−30~85℃	−20~70℃	−40~85℃
가격(Price)	US $2.30[22]	US $2.86[23]	US $2.99[24]

※ 센서 가격(출처: aliexpress 등)은 판매회사 상황에 따라 변동될 수 있다.

이번 절에서는 다양한 종류의 센서 중 GUVA-S12SD 센서를 설명한다. 간이측정기에 사용되는 측정 센서 중 측정 범위, 출력 신호, 가격, 센서 구입 방법 등을 고려하여 GUVA-S12SD 센서를 선택하였다. 물론 GUVA-S12SD 센서 외에도 다양한 센서가 있으니, 사용하는 목적 및 상황에 따라 센서를 선택하기 바란다(추가 제공하는 센서 리스트 참고).

2 GUVA-S12SD 센서란?

Genicom사의 GUVA-S12SD 센서는 햇빛의 UV 방사를 감지하며 UV 인덱스 모니터링, DIY 프로젝트, UV-A 램프 모니터링, 식물 성장 환경 모니터링에 사용할 수 있다.

그림 5-10 GUVA-S12SD 자외선 센서 모듈

특징

GUVA-S12SD 센서의 특징은 다음과 같다.

- 240~370nm의 UV 파장 검출, 빠른 응답
- 아날로그 전압 신호를 선형으로 출력
- 작은 사이즈(2.8×3.5×1.8mm)로 설치 용이
- 5V/3.3V에서 사용 가능

동작 원리

자외선의 강도에 따라 아날로그 전압 신호를 출력한다. 자외선 240~370nm 범위(UVB 및 대부분의 UVA 스펙트럼)의 빛을 검출하는 UV 포토다이오드를 장착하고 있다. 포토 다이오드의 신호 레벨은 매우 작아서(nA, 나노 암페어) 측정한 자외선 센서의 값을 Op-Amp를 거쳐 좀더 사용 가능한 전압으로 증폭하여 출력하는 원리다.

사양

GUVA-S12SD 센서 사양은 다음과 같다.

표 5-4 GUVA-S12SD 센서 사양[25]

모델명(Model Name)	GUVA-S12SD
대상(Target)	자외선 UV
출력 신호(Output Signal)	**아날로그**
작동 전압(Working Voltage)	3.3~5V
소비 전류(Forward Current)	$I_{F(max)}$ = 1mA
역전압(Reverse Voltage)	$V_{r(Max)}$ = 5V
광학소스 전력 범위(Optical Source Power Range)	Popt = 0.1μ~100m w/cm²(UAP Lamp)
작동 온도(Working Temperature)	T_{op} = -30~85℃
보관 온도(Storage Temperature)	T_{ST}-40~90℃
솔더링 온도(Soldering Temperature)	T_{sol} = 260℃ (10초 이내 완료)

표 5-5 센서 특징 (25℃에서 제조사 테스트 조건)[26]

아이템	측정값	제조사 테스트 조건
암전류(Dark Current)	I_D = 1nA	V_R = 0.1V
광전류(Photo Current)	I_{PD} = 113nA	UVA 램프, 1mW/cm²
	I_{PD} = 26nA	1UVI
온도 계수(Temperature Coefficient)	I_{tc} = 0.08%/℃	UAP Lamp
응답(Responsivity)	R = 0.14A/W	λ = 350nm, Vr = 0V
측정 범위(Detection Range)	λ(람다) = 240~370nm	응답 R의 10%
활성 영역(Active Area)	0.076mm2	

핀 배열

GUVA-S12SD 센서 모듈은 아날로그 출력(0~1V) 방식을 사용한다. 센서 모듈에는 총 3개의 핀이 있으며, OUT 핀을 통해 UV값을 측정할 수 있다.

그림 5-11 GUVA-S12SD 센서 모듈 핀 배열

출력값

GUVA-S12SD 센서는 자외선 240~370nm의 UV를 감지하고, 아날로그 전압 출력의 변화를 계산하여 센서의 값을 측정할 수 있다. 5V의 전압 및 그라운드를 각각 V+, GND에 연결하고 OUT 핀에서 아날로그 신호를 읽으면 된다.

다음 그림과 같이 포토 다이오드로부터 발생하는 광전류에 대한 UVI(UV Index)의 출력값을 선형값으로 출력한다. 선형값은 광전류의 nA가 증가할수록 UV Index 값이 비례하여 증가하는 것을 의미한다.

그림 5-12 UV Index와 광전류 관계[27]

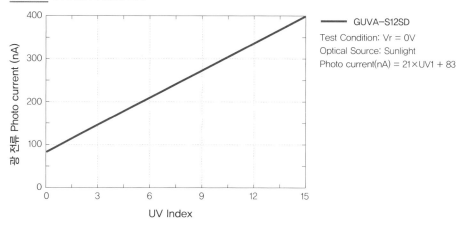

주의 사항

최적의 작동 조건을 유지하고 잘못된 측정값을 피하려면 다음 사항에 주의해야 한다.

- 크기가 작고 신호가 매우 약하기 때문에(nA) 단독으로 사용하기 어렵고 연산증폭기를 함께 사용해야 한다.
- UVC 파장을 측정할 때는 UVC 빛에 눈, 피부가 노출되지 않도록 각별히 조심해야 한다.
- 햇빛의 입사각을 고려해서 센서를 설치해야 한다. 센서 주위에 장애물이 있어 햇빛을 차단해서는 안 된다.

3 센서 연결하기

GUVA-S12SD 센서 모듈은 센서 측정값을 아날로그 신호로 출력하며, 아두이노와 3개의 선으로 연결한다.

그림 5-13 GUVA-S12SD 센서 핀 배열

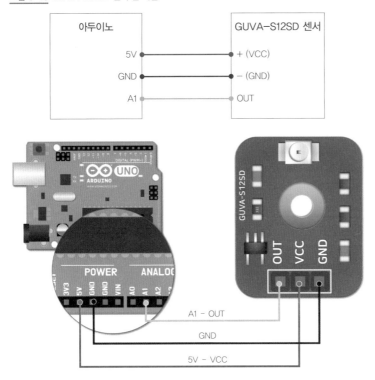

4 소프트웨어 코딩

Steamedu123_Sensor-master 〉 examples 폴더 내에 있는 예제 파일을 실행한다.

- 아두이노 파일: C502_Steam_Air_GUVA-12SD_UV.ino

그림 5-14 GUVA-S12SD 센서 예제 파일

라이브러리를 객체화하고 begin(), read(), display() 함수를 사용하여 센서를 제어할 수 있다.

그림 5-15 GUVA-S12SD 센서 코드 설명

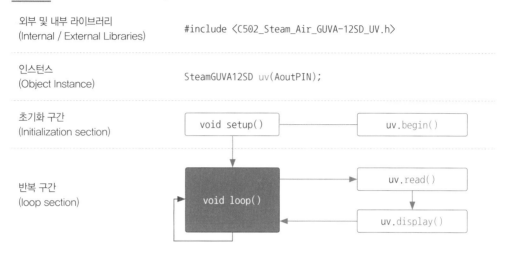

외부 및 내부 라이브러리
(Internal / External Libraries)

```
#include <C502_Steam_Air_GUVA-12SD_UV.h>
```

인스턴스
(Object Instance)

```
SteamGUVA12SD uv(AoutPIN);
```

초기화 구간
(Initialization section)

반복 구간
(loop section)

```
#include <C502_Steam_Air_GUVA-12SD_UV.h>    // 내부 라이브러리 헤더 파일
#define AoutPIN A1

SteamGUVA12SD uv(AoutPIN);    // 인스턴스, 핀 번호를 입력한다.

void setup() {
  Serial.begin(9600);    // 9600bps의 속도로 시리얼 통신을 시작한다.
  uv.begin();            // (1) 센서를 초기화한다.
}

void loop() {
  uv.read();       // (2) 센서의 값을 측정한다.
  uv.display();    // (3) 센서의 값을 출력한다.
  delay(1000);     // 1초 동안 대기한다.
}
```

5 센서 동작 확인

센서를 실행하면 다음과 같이 **아두이노-시리얼 모니터**에서 자외선 측정 수치와 상태를 확인할 수 있다.

그림 5-16 GUVA-S12SD 센서 출력 화면

아두이노 IDE 시리얼 모니터로 센서 측정값을 출력하고, 출력값에 따라 센서의 상태를 표시했다. 측정한 센서값은 4단계(좋음, 보통, 나쁨, 매우 나쁨)로 구분하여 자외선 UVI(UV Index)의 상태를 쉽게 알 수 있도록 했다. 예를 들어 UV Index 값이 1이면 좋음(Good)이다.

표 5-6 GUVA-S12SD 센서의 자외선 4단계 표시 기준 및 상태

구분	좋음(Good)	보통(Normal)	나쁨(Bad)	매우 나쁨(Very Bad)
Index 범위	0~2	3~5	6~7	8~

> 참고로 센서의 파장은 UV-A, UV-B, UV-C를 측정할 수 있지만 센서가 포토다이오드의 광전류 출력에 비례해서 출력되는 전압 측정 방식이므로 UV-A, UV-B, UV-C의 파장값(nm)을 측정하기 위한 정확한 전압값의 기준을 잡기 어렵다. 따라서 파장값을 측정하려면 다른 센서를 사용하기를 권장한다.

참고문헌

[14] 김응식, 자외선의 인체에 대한 영향과 안정성, 조명 · 전기설비, 2005

[15] 임홍수, 신동업, 햇빛이 인체의 건강에 미치는 영향, 한국엔터테인먼트산업학회 학술대회 논문집, 2017

[16] 홍기만, 최병철, 기상청에서 운용 중인 지역별 지표 홍반자외선 (EUV-B) 복사의 특성, 한국대기환경학회지, 2006

[17] 김정은, 김영준, 대기 에어로졸에 의한 자외선 복사배율인자 산출, 한국대기환경학회 학술대회논문집, 2005

[18] 기상청 날씨누리, 생활기상정보 자외선, https://bit.ly/39ERBvH

[19] GUVA-S12SD Datasheet, https://bit.ly/3qsejOu

[20] Winsen ZE07-CO Datasheet, https://bit.ly/2LyIt40

[21] 3SP_CO_1000 Package 110-109 Datasheet, https://bit.ly/3bKLpoN

[22] 알리익스프레스 GUVA-S12SD, https://aliexpi.com/RXYX

[23] 알리익스프레스 ML8511(GY-8511), https://aliexpi.com/JQJf

[24] 알리익스프레스 SI1145, https://aliexpi.com/MTNG

[25] GUVA-S12SD-ROITHNER, "Absolute Maximum Ratings", p1

[26] GUVA-S12SD-ROITHNER, "Characcteristics", p1

[27] GUVA-S12SD-ROITHNER, "Photocurrent along UV power", p2

503 MD0550 기류 측정 센서

ARDUINO SENSORS FOR EVERYONE

1 기류

기류(Air flow/current)는 수평 방향, 수직 방향의 공기 흐름을 의미한다. 참고로 수평 방향의 공기 흐름을 바람이라고 하고, 단위 시간당 이동하는 공기의 속도를 풍속(Wind speed/velocity)이라고 한다[28].

기류는 여러 가지 자연적인 환경에 의해 발생하지만, 특히 압력(고기압과 저기압의 기류)과 온도(실내의 상승 기류와 하강 기류)의 차이 때문에 발생한다. 또한, 인공적인 환경(예: HAVC 공조기, 선풍기, 에어컨 바람 등)에 의해서도 발생한다. 기류 크기는 풍속과 같으며 기류 단위는 m/s(미터 퍼 세크, meter per second), cm/s(센티미터 퍼 세크, centimeter per second), mph(마일 퍼 아워, miles per hour)를 사용한다. 기류 측정에는 열선풍속계, 카타한란계, 풍차풍속계 등을 사용한다.

기류는 실내 기류와 대기 기류가 있으며, 이번 절에서는 실내 기류에 대해 설명한다.

인체에 미치는 영향

우리가 생활하는 집도 숨을 쉬어야 한다. 혈액순환이 잘 되어야 사람이 건강한 것처럼, 실내의 기류가 잘 순환되어야 사람이 생활하기에 쾌적한 환경이 된다. 기류는 사람이 느끼는 온열쾌적성과 실내 공기 오염 물질의 이동에 영향을 준다. 바람은 인체로부터의 열을 빼앗는 방열을 촉진한다. 풍속 1m/s마다 온도가 1℃ 저하된 것과 같은 추위를 느낀다고 알려져 있다[1].

기류에 따라 실내에 발생된 공기 오염물질이 정체되기도 하고 순환되기도 하며, 외부로부터 유입되기도 한다[29][30][31][32][33][34].

기류 기준

사람이 느끼는 최저 풍속은 기온에 따라 다르다. 얼굴에 닿아서 느껴지는 기류의 최저 속도는 기온 12℃에서 0.15m/s, 15~18℃에서 0.2m/s로 본다[35]. 우리가 바람을 느낄 수 있는 최저 한계인 불감 기류(insensible air current)는 0.5m/s이며, 무풍(0.1m/s) 이하, 쾌적 상태는 0.2~0.3m/s다[36]. 불감 기류는 기온과 기압의 차이에서 발생한다.

기류와 관련한 국내 관리 기준이 명확하지 않아 국내는 물론 해외(미국, 유럽, 일본) 기준을 더 찾아보고 센서 기준을 세우는 데 참고하였다.

일례로 미국 냉공조학회(ASHRAE)는 찬바람(콜드 드래프트, Cold draf) 없는 0.15m/s 이하의 바람을 무풍(Still Air)으로 정의하고 있다[37]. 또한, 자리에 앉아 있는 사람에 대한 실내 기류의 표준 풍속을 0.0075~0.2m/s를 권장하고, 인체 주위에 있는 기류 속도는 냉풍 0.3~0.5m/s, 온풍 0.5m/s 정도가 적합하다. 필요 이상의 기류나 체류는 불쾌감을 준다.

- 0.25m/s까지는 기류를 느끼지 못한다.
- 0.25~0.50m/s는 쾌적함을 느낀다.
- 0.50~1.00m/s는 공기의 움직임을 느낀다.
- 1.00~1.50m/s는 냉각 효과를 느낀다.
- 1.50m/s 이상은 불쾌감을 느낀다.

간이측정기의 기류 측정 성능 비교

간이측정기의 성능을 비교해 보면 어떤 센서를 사용할지 판단하는 데 도움이 된다. 센서를 사용하기 이전에 기본적으로 시중에 유통되는 측정기의 측정 범위, 출력 단위, 해상도(분해능)를 확인해야 한다. 일반적으로 간이측정기는 0~20m/s의 측정 범위를 가진다. 그 이상의 성능은 기류 측정기가 아니라 풍속 측정기를 사용해야 한다. 기류 측정기의 측정 범위와 해상도는 다음과 같다.

그림 5-17 간이측정기의 기류 측정 성능 비교

간이측정기에 사용되는 기류 측정 센서

기류 측정기에는 Modern device win Sensor, TSIxx, Testo Probe, Delta Ohm AP47xx, Sbbowe 등과 각 측정기 제조사에서 자체 제작한 센서가 주로 사용되는데, 간이측정기에 사용되는 센서의 측정 범위, 작동 전압, 출력 신호, 가격 등을 비교해 보면 다음과 같다.

표 5-7 간이측정기에 사용되는 기류 측정 센서의 성능 비교[38]

구분	MD0550[39]	E-AV-LC-7[40]	NSF610
제조사	Modern Device	NTI	NEWSIGAR
측정 범위(Detect Range)	0~26m/s	0~25m/s	0~30m/s
작동 전압(Working Voltage)	4~10V	5V or 12V	12V
출력 신호(Output Signal)	아날로그	RJ45	0~10V, 4-20mA, RS232
가격(Price)	US $17[41]	US $180[42]	US $79,90[43]

※ 센서 가격(출처: 메카피아, aliexpress 등)은 판매회사 상황에 따라 변동될 수 있다.

이번 절에서는 다양한 종류의 센서 중 MD0550 센서를 설명한다. MD0550 센서는 사람의 호흡까지 감지할 수 있는 민감한 센서로 실내 기류를 측정하는 데 적합하다. 물론 MD0550 센서 외에도 다양한 센서가 있으나, 아두이노를 이용해 미세한 실내 기류를 측정하는 센서는 구하기 어렵다.

2 MD0550 센서란?

Modern Device사의 Wind Sensor Rev.C MD0550 센서는 전자 프로젝트에 사용하도록 설계된 아날로그 출력을 갖춘 저가형 풍속 센서다. 풍속 센서지만, 실내에서 사람의 호흡 측정 센서 또는 HVAC(냉난방 공조기, heating, ventilation, air conditioning) 모니터링 센서로 사용할 수 있다. 센서는 실내 환기 덕트(HAVC)나 실내에서 바람이 잘 흘러가는지 점검하기에 적합하며, 26m/s가 넘는 고풍속 측정에는 한계가 있다. 주로 실내, 연구실 등 낮은 풍속 환경에서 정밀한 측정이 필요한 경우 사용한다.

제조사에서 Rev.C MD0550과 Rev.P MD0555 2종류 센서를 제공한다. Rev.P 풍속계는 Rev.C 풍속계와 유사하지만 주변 온도에 대한 하드웨어 보상을 포함하는 개선된 열선 풍속계다. 풍속 측정 부분이 쉽게 부러지고 Rev.C보다 비싼 단점이 있다.

그림 5-18 MD0550 센서와 MD0555 센서

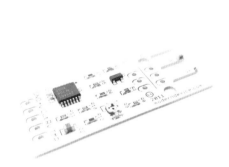

Modern device Wind Sensor
Rev.C MD0550

Modern device Wind Sensor
Rev.P MD0555

특징

MD0550 센서는 다음과 같은 특징이 있다.

- 저속~중풍 측정에 탁월
- 실내 공기 이동을 감지하는 데 선호되는 기술 제공
- 정교하고 민감하여 45~60cm 거리에서 작은 공기를 내뿜는 것을 감지
- 호흡 감지, 실내 바람 감지, HVAC 시스템 모니터링, 기상 관측소 등에 응용
- DS18B20와 같은 온도 센서 기반으로 동작

동작 원리

MD0550 센서는 사람의 호흡을 감지할 수 있을 정도로 민감한 소형 풍속계다. 온도 변화를 감지하는 열선 방법(Hot-wire)을 기반으로 측정한다. 센서에 있는 가열된 열선 라인에 바람이 닿으면 열이 증발하면서 차갑게 냉각되는데 이때 냉각의 정도(열이 증발하면서 상승하는 온도)를 측정해서 바람의 속도를 측정하는 원리다. 센서에 있는 서미스터는 연산 증폭기에 의해 주변 온도보다 50℃ 높은 온도로 가열되고 유지된다.

사양

MD0550 센서 사양은 다음과 같다.

표 5-8 MD0550 센서 사양[44]

모델명(Model Name)	MD0550
대상(Target)	기류(Air Velocity/Flow)
센서 타입(Sensor Type)	열선(Hot-Wire)
측정 범위(Detection Range)	0~60 mph(0~26m/s)
출력 신호(Output signal)	아날로그, 0~VCC
작동 전압(Working Voltage)	4~10V
작동 전류(Operating current)	20~40mA(풍속에 따라 다름)
크기(Physical Size)	0.68"×1.59"×0.25"
무게(Weight)	1g

핀 배열

MD0550 센서는 PIN이 총 5개다. 이 중 OUT 핀은 사용하지 않고 RV, TMP 핀을 아날로그 입력에 연결해 기류를 측정한다. TMP는 전압 분배기와 서미스터에서 출력되는 온도값이다. RV 핀은 실온에서도 약 1.8V 미만으로 떨어지지 않으며 이 핀을 출력으로 사용한다.

그림 5-19 MD0550 센서 핀 배열

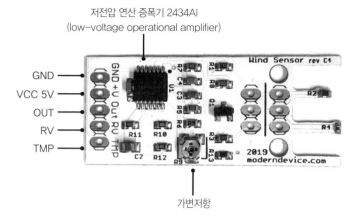

저전압 연산 증폭기 2434AI
(low-voltage operational amplifier)

가변저항

출력값

MD0550 센서는 대기 중 0~26.8224m/s(0~60mph, 마일)의 기류 또는 풍속을 감지한다. 출력 전 약 10초의 예열 시간이 필요하다.

다음은 두 가지 다른 온도에 대한 풍속 대 센서 출력 전압의 곡선이다. 센서 출력이 온도에 민감하며 풍속이 증가함에 따라 곡선이 상당히 평평해진다. 이 사실은 기온 변화와 풍속 변화를 혼동하는 것이 상당히 쉽다는 것을 의미한다.

그림 5-20 두 가지 다른 온도에 대한 풍속 대 센서 출력 전압[45]

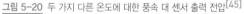

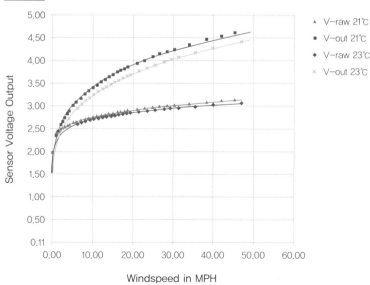

풍속을 측정하기 위해서는 RV 핀의 값과 TMP 값을 사용한다[46][47].

$$WindSpeed\_MPH = pow(((RV\_Wind\_Volts - zeroWind\_volts) / .2300), 2.7265);$$

- RV_Wind_Volts는 RV 핀의 출력 신호 및 보정값
- zeroWind_volts는 TMP 핀의 출력 신호 및 보정값

참고로 정밀한 측정값을 위해 센서를 보정해서 사용할 수 있다. 온도가 크게 변할 때 센서를 보정해야 한다. 풍속 센서에는 바람이 불지 않는 상태에서 센서를 보정할 때 사용되는 작은 트리머 저항기가 포함되어 있다. 센서 위에 유리잔을 올려 바람을 막고 원하는 0레벨에 맞춰 트리머 저항기를 조절하면 된다.

주의 사항

최적의 작동 조건을 유지하고 잘못된 측정값을 피하기 위해 다음 사항에 주의해야 한다.

- 전원을 절약하기 위해 센서를 끌 수 있지만 시작 시 약 10초 동안 예열하여 열을 안정시켜야 한다. 이 시간은 센서의 감지 서미스터가 작동 온도로 가열되는 시간이다.
- 10V보다 높은 전원을 사용하면 센서의 오작동 및 고장의 원인이 된다.
- 열선풍속계는 실외의 3컵 풍속계에 비해 낮은 유속에서도 정확도가 높은 장점이 있으나, 측정 시 분진, 온도, 습도, 신호 잡음 등에 의해 민감한 영향을 받는 단점이 있다. 따라서 측정 시 주변 환경에 주의를 기울여 측정해야 한다.

3   센서 연결하기

MD0550 센서는 아두이노와 4개의 선으로 연결할 수 있다.

그림 5-21 MD0550 센서 연결도

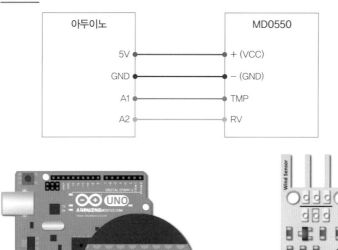

4 소프트웨어 코딩

Steamedu123_Sensor-master 〉 examples 폴더 내에 있는 예제 파일을 실행한다.

- 아두이노 파일: C503_Steam_Air_MD0550_AirVelocity.ino

그림 5-22 MD0550 센서 예제 파일

← → ↑ 📁 › 내 PC › 문서 › Arduino › libraries › Steamedu123_Sensor-master › examples › CHAPTER5 Outdoor Air Quality SensorII › C503_Steam_Air_MD0550_AirVelocity				
📁 Arduino	∧ □ 이름 ∧	수정한 날짜	유형	크기
📁 libraries	☑ C503_Steam_Air_MD0550_AirVelocity.ino	2021-02-04 오후 3:51	Arduino file	1KB
📁 Steamedu123_Sensor-master				
📁 examples				
📁 CHAPTER5 Outdoor Air Quality SensorII				
📁 C503_Steam_Air_MD0550_AirVelocity				
📁 src				

라이브러리를 객체화하고, begin(), read(), display() 함수를 사용하여 센서를 제어할 수 있다.

그림 5-23 MD0550 센서 코드 설명

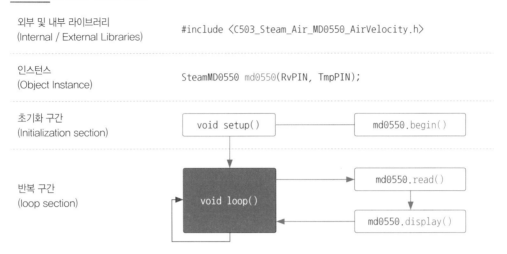

외부 및 내부 라이브러리
(Internal / External Libraries)

인스턴스
(Object Instance)

초기화 구간
(Initialization section)

반복 구간
(loop section)

```
#include <C503_Steam_Air_MD0550_AirVelocity.h>  // 내부 라이브러리 헤더 파일
#define RvPIN   A2
#define TmpPIN A1

SteamMD0550 md0550(RvPIN, TmpPIN);    // 인스턴스, 핀 번호를 입력한다.

void setup() {
  Serial.begin(57600);     // 57600bps의 속도로 시리얼 통신을 시작한다.
  md0550.begin();          // (1) 센서를 초기화한다.
}

void loop() {
  md0550.read();           // (2) 센서의 값을 측정한다.
  md0550.display();        // (3) 센서의 값을 출력한다.
  delay(1000);             // 1초 동안 대기한다.
}
```

5 센서 동작 확인

센서를 실행하면 다음과 같이 **아두이노–시리얼 모니터**에서 기류 측정 수치와 상태를 확인할 수 있다.

그림 5-24 MD0550 센서 출력 화면

아두이노 IDE 시리얼 모니터로 센서 측정값을 출력하고, 출력값에 따라 센서의 상태를 표시한다. 바람을 느낄 수 있는 최저 한계 0.5m/s를 기준으로, 측정한 센서값은 쉽게 공기질의 상태를 알 수 있도록 4단계(좋음, 보통, 나쁨, 매우 나쁨)로 구분하였다. 예를 들어 기류값이 0.19m/s이면 좋음(Good)이다.

표 5-9 MD0550 센서의 기류 4단계 표시 기준 및 상태

구분	좋음(Good)	보통(Normal)	나쁨(Bad)	매우 나쁨(Very Bad)
범위	0~0.5m/s 미만	0.5~1.0m/s 미만	1.0~1.5m/s 미만	1.5m/s 이상

참고문헌

[28] 네이버 지식백과 기류, http://bit.ly/3hcF3io

[29] 송두삼, 이명규, 실간 기류이동에 따른 오염물질 확산에 대한 평가 방법, 대한건축학회 학술발표대회 논문집 – 계획계, 2005

[30] 장충선, 금종수, 박종일, 신병환, 이재권, 김영생, 기류 발생 및 실내 온도에 따른 Draft 관련 생리량 분석, 대한설비공학회 학술발표대회논문집, 2004

[31] 김창남, 김동석, 김태연, 이윤규, 이승복, 아파트 공간의 전열교환 환기시스템에 의한 실내 VOCs의 농도변화 예측, 대한설비공학회 학술발표대회논문집 2005

[32] 박주영, 성현우, 김용수, 운영유지단계에서의 다중이용시설 및 주거용 시설을 대상으로 한 실내 기류 분석 기반 최적 환기 수단 선정 방법, 대한건축학회 학술발표대회 논문집, 2020

[33] 이규남, 정근주, 에어 서큘레이터의 냉방 적용 시 실내 기류 확산 및 온열환경 개선 효과, 한국건축친환경설비학회 논문집, 2017

[34] 송우석, 서형준, 김영재, 주거 환경 내 공기청정기 기류특성이 실내 공기 청정 속도에 미치는 영향, 대한설비공학회 학술발표대회논문집, 2014

[35] 네이버 지식백과 기류, http://bit.ly/2WJ9l2R

[36] 네이버 지식백과 불감기류, http://bit.ly/3ha4DVg

[37] ANSI/ASHRAE Addenda d, e, f, and g to ANSI/ASHRAE Standard 55-2004, Thermal Environmental Conditions for Human Occupancy

[38] Gabriel Yurko, Real-Time Sensor Response Characteristics of 3 Commercial Metal Oxide Sensors for Detection of BTEX and Chlorinated Aliphatic Hydrocarbon Organic Vapors, 2019 (https://bit.ly/3ionIUp)

[39] Moderndevice MD0550, https://bit.ly/3oUD85m

[40] E-AV-LC-7 Datasheet, https://bit.ly/3nTlBcy

[41] 메카솔루션, 바람센서(wind sensor) https://bit.ly/34Dun7s

[42] NETWORK Technologies Incorporated, E-AV-LC-7, https://bit.ly/38TbTCv

[43] 알리익스프레스 NF610, https://bit.ly/3o2e0Zj

[44] Modern device, "Specifications", https://bit.ly/3oUD85m

[45] Modern device, "Wind Sensor Calibration and the Wind Tunnel", https://bit.ly/3nUusKI

[46] Modern Device, Wind Sensor Calibration and the Wind Tunnel, https://bit.ly/3nUusKI

[47] Modern Device, Wind Sernsor Progress, https://bit.ly/3nSegK7

504 QS-FS01 풍속 측정 센서

ARDUINO SENSORS FOR EVERYONE

1 바람(풍속)

미세먼지나 대기 오염 물질 농도에 영향을 주는 결정적 요인은 무엇일까? 바로 바람이다. 대기 중에서 일어나는 물리적 현상인 기상(whether) 현상에는 열(기온), 압력(기압), 바람(풍향 및 풍속), 수분(습도) 등이 있고, 이 중 공기의 흐름인 바람은 대기 오염 물질의 분산에 직접적인 영향을 준다.

503 기류 센서와의 차이점

C503은 실내 풍속, C504는 실외 풍속을 측정한다. 실내 기류는 아주 미세한 공기의 흐름으로 풍속 센서로는 실내 기류를 측정할 수 없다.

인체에 미치는 영향

바람이 불면 공기 중에 있는 대기 오염 물질이 흩어진다. 바람이 강하면 대기 오염 물질의 농도가 낮아지고, 바람이 약하면 대기 오염 물질이 흩어지지 않아 농도는 점점 높아진다.

또한, 바람이 없는 대기 정체 상태에서는 대기 오염 물질 배출원(예: 자동차, 공장 등)에서 발생하는 적은 양의 오염 물질도 공기 중에 쌓이게 되어 인체에 나쁜 영향을 준다[48][49][50].

풍속 기준

보통 바람 측정기기는 풍향과 풍속을 구분하여 관측하는데, 관측 목적에 따라 풍향계, 풍속계 또는 풍향·풍속계로 구분하여 사용한다. 이 절에서는 풍속만 설명한다.

풍속은 같은 장소에서도 지면으로부터의 높이에 따라 다르며, 일반적으로 높은 곳일수록 바람이 강하다. 지면 부근에서는 나무나 건물 등에 의해 영향을 받을 수 있기 때문에, 현재 바람 관측은 기상관측표준화법에 의거, 지상 10m 높이에서 관측하고 있다. 풍속계는 광초퍼식 풍속계(보통 3개의 컵으로 구성됨) 또는 자기유도식 풍속계를 사용하는 것이 표준이다.

기상청에서는 바람의 4단계 예보 용어인 약한바람, 약간 강한바람, 강한바람, 매우 강한바람을 사용한다[51].

- 약한바람(4m/s 미만): 초속 2~3m의 바람은 얼굴에 바람이 느껴지고 나뭇잎이 흔들리며 바람개비가 약하게 움직이는 정도다.
- 약간 강한바람(4~9m/s 미만): 초속 4~5m의 바람은 나뭇가지가 쉴 새 없이 흔들리고 깃발이 약하게 흔들리는 정도다. 초속 7~8m의 바람은 지하철 열차가 들어올 때 부는 바람과 작은 나뭇가지가 흔들리는 정도다.
- 강한바람(9~14m/s 미만): 초속 9~11m의 바람은 작은 나무 전체가 흔들리고 공원의 파라솔이 뒤집힐 정도다. 초속 11~14m의 바람은 큰 나무가 흔들리고 우산을 들고 있기가 서 있기 힘들 정도다.
- 매우 강한바람(14m/s 이상): 육상에서는 강풍주의보 수준이다.

간이측정기의 풍속 측정 성능 비교

간이측정기의 성능을 비교해 보면 어떤 센서를 사용할지 판단하는 데 도움이 된다. 센서를 사용하기 이전에 기본적으로 시중에 유통되는 측정기의 측정 범위, 출력 단위, 해상도(분해능)를 확인해야 한다. 일반적으로 간이측정기는 **0~40m/s의 측정 범위**를 가진다. 그 이상의 성능을 원하면 산업용을 사용해야 한다. 풍속 간이측정기의 측정 범위와 해상도는 다음과 같다. 기상청의 4단계 예보 매우 강한바람(14m/s 이상)을 측정하는 데도 문제가 없다.

그림 5-25 간이측정기의 풍속 측정 성능 비교

7730-00 기상관측기 (풍속)	A0047KTPUU 기상관측기 (풍속)	OWS-3S 풍속계	WTF-B100 기상관측기 (풍속)	23-SP 기상관측기 (풍속)	K-200AW 풍속계 (아날로그)
측정 범위 / 해상도 3~30m/s (0.5m/s) 0~125mph (1.1mph)	측정 범위 / 해상도 0~56m/s (0.1m/s) 0~125mph (0.2mph)	측정 범위 / 해상도 0.5~60m/s (0.1m/s) 1.1~134mph (0.2mph)	측정 범위 / 해상도 0.8~60m/s (0.1m/s) 1.8~134.2mph (1.2mph)	측정 범위 / 해상도 0.5~60m/s (0.1m/s) 1.1~134.2mph (0.2mph)	측정 범위 / 해상도 0~70m/s (0.1m/s) 0~157mph (0.2mph)

간이측정기에 사용되는 풍속 센서

풍속 간이측정기에는 Liyuan Electronic QS-FS01, WJUCK, Shandong Renke RS-FSXX, Beijing HYXCxx 등과 각 측정기 제조사에서 자체 제작한 센서가 주로 사용되는데, 간이측정기에 사용되는 센서의 측정 범위, 해상도, 출력 신호, 작동 온도/습도, 가격 등을 비교해 보면 다음과 같다.

표 5-10 간이측정기에 사용되는 풍속 측정 센서의 성능 비교

구분	QS-FS01	SEN0170(JL-FS2)[52]	HYXC-TD24[53]
측정 범위(Detect Range)	0~32.4m/s	0~30m/s	0~30m/s(Default) 0~60m/s
해상도(Resolution)	0.1m/s	0.1m/s	0.1m/s
시작 속도(Start Wind)	0.2m/s	0.4~0.8m/s	–
출력 신호(Output Signal)	0~5V (Voltage signal)	0~5V (Voltage signal)	아날로그(Analog)
작동 전압(Working Voltage)	7V~24V	9~24V	24V
연결 모드(Connection Mode)	삼선 시스템 (three wire system)	삼선 시스템 (three wire system)	오선 시스템 (five wire system)
전송 거리(Transmission Distance)	1000m 이상	1000m 이상	1000m 이상
작동 온도(Working Temperature)	-40~80℃	-40~80℃	-20~85℃
작동 습도(Working Humidity)	35~85%	35~85%	35~80%
가격(Price)	US $37.50[54]	US $48.00[55]	US $147[56]

※ 센서 가격(출처: aliexpress, DFROBOT 등)은 판매회사 상황에 따라 변동될 수 있다.

이번 절에서는 다양한 종류의 센서 중 풍속계인 QS-FS01 센서를 설명한다. 간이측정기에 사용되는 측정 센서 중 측정 범위, 출력 신호, 가격, 센서 구입 방법 등을 고려하여 QS-FS01 센서를 선택하였다. 물론 QS-FS01 센서 외에도 다양한 센서가 있으니, 사용하는 목적 및 상황에 따라 센서를 선택하기 바란다(추가 제공하는 센서 리스트 참고).

2 QS-FS01 센서란?

QS-FS01 센서(Three-cup Anemometer Wind Speed Sensor)는 풍속을 측정하는 데 사용되는 일반적인 기상 관측 장비다. QS-FS01 센서는 3컵 풍속계로, 실외에 설치하여 바람의 속도를 쉽게 측정할 수 있도록 디자인되었다. 간혹 버스정류장 지붕 위에 설치된 것을 볼 수 있다. 3컵 풍속 센서, 로빈슨 풍속 센서라고 부른다.

QS-FS01 센서는 고강도, 내후성, 내식성, 내수성이 있어 외부 측정에 매우 적합하다. 또한, 정확하게 측정하고 오래 사용할 수 있다. 센서 쉘과 윈드컵의 재료는 특수 금형 정밀 주조 기술을 사용하는 알루미늄 합금이다. 공차 크기는 매우 작으며, 표면의 정밀도는 매우 높다.

그림 5-26 QS-FS01 센서

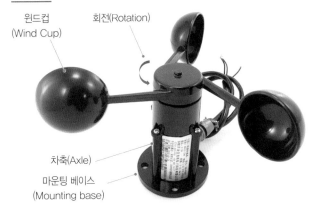

윈드컵
(Wind Cup)

회전(Rotation)

차축(Axle)

마운팅 베이스
(Mounting base)

QS-FS01 센서는 베란다, 농장, 옥상 같은 옥외 장소에서 설치하여 원격으로 데이터를 전송받아 실내에서 실시간 모니터링할 수 있다. 또한, 엔지니어링 기계(크레인, 크롤러 크레인, 도어 크레인, 타워 크레인 등), 철도, 항구, 부두, 발전소, 기상, 케이블, 환경, 온실, 번식, 에어컨, 에너지 모니터링에도 널리 사용된다.

특징

QS-FS01 센서는 다음과 같은 특징이 있다.

- 3컵 디자인으로 작고 가벼우며 휴대 및 조립이 용이
- 외부 풍속 정보를 효과적으로 수집
- 높은 측정 정확도, 넓은 범위, 우수한 안정성
- 데이터 정보의 선형성이 높음
- 신호 전송 거리가 길며 외부 간섭에 대한 저항력이 높음
- 높은 강도, 내후성, 부식 저항성 및 방수성 제공
- 군용 플러그로 침식 작용을 방지하여 기구를 보호
- 온도 −40~80℃, 습도 35~85%(결로)에서 작동

그림 5-27 QS-FS01 센서 구성

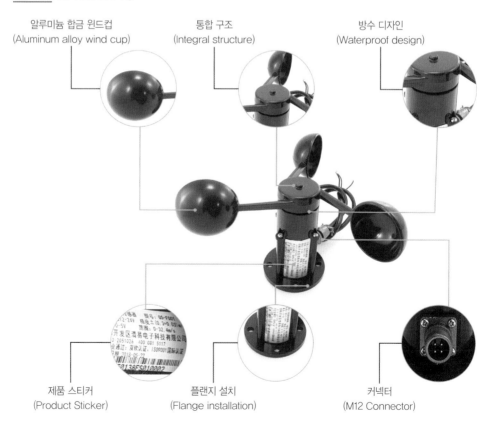

알루미늄 합금 윈드컵
(Aluminum alloy wind cup)

통합 구조
(Integral structure)

방수 디자인
(Waterproof design)

제품 스티커
(Product Sticker)

플랜지 설치
(Flange installation)

커넥터
(M12 Connector)

동작 원리

보통 반구형의 컵이 3~4개 정도가 달려 있다. 측정 범위가 넓고 공기 밀도의 영향을 적게 받는다는 장점이 있다. 센서는 쉘, 윈드컵, 회로 모듈로 구성되어 있다. 반구형의 컵이 한 바퀴 돌아갈 때마다 신호를 보내고, 신호 횟수를 측정하여 풍속을 측정한다. 센서 심축에 풍배를 붙인 풍속계로 풍속의 세기에 따라 3개의 컵이 회전하며, 회전 수에 비례하는 펄스 형태의 주파수를 생성한다. 생성된 주파수를 토대로 바람이 1초당 몇 미터의 거리를 이동했는지를 의미하는 풍속값으로 환산하는 원리다.

사양

QS-FS01 센서 사양은 다음과 같다. **이번 절에서 사용하는 센서는 0~5V 출력을 사용하는 센서다.** 센서의 모양과 성능은 같지만 출력 유형, 출력 신호, 작동 전압 등에 차이가 있다. 사용하는 인터페이스에 맞게 제품을 구입하면 된다.

표 5-11 QS-FS01 센서 사양[57]

모델명(Model Name)	QS-FS01		
대상(Target)	풍속		
측정 범위(Detection Range)	0~32.4m/초		
출력 유형(Output Type)	전압 출력 방식 (Voltage Output Type)	전류 출력 방식 (Current Output Type)	펄스 출력 방식 (Pulse Output Type)
출력 신호(Output Signal)	0.4~2V, 0~5V, 1~5V	4~20mA	펄스(Pulse)
작동 전압(Working Voltage)	7V~24V	12~24V	5~24V
풍속값(Wind Speed Value)	풍속값 = (출력 전압-0.4)/1.6*32.4	풍속값 = (출력 전류-4)/16*32.4	펄스 당 0.88m/s
인터페이스 타입(Type)	아날로그	아날로그	RS485
정확도(Precision)	±1m/s		
시작 속도(Starting Wind)	0.2m/s		
작동 온도 (Working Temperature)	-40~80℃		
작동 습도(Working Humidity)	35~85%		

핀 배열

QS-FS01 센서는 총 4개의 핀이 있다. 0~5V를 출력 신호를 갖는 아날로그 방식이며 3개 핀을 이용해 풍속을 측정한다. 검정색 전선을 신호 접지에 연결하고 빨간색 전선(또는 갈색)을 전압 7~24V로 연결한다. 파란색 전선으로 아날로그 전압을 측정한다.

그림 5-28 QS-FS01 센서 핀 배열[58]

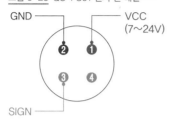

선 종류	연결선(External Line)		
전원선(VCC)	빨강(RED)	OR	갈색(Brown)
접지(GND)	파랑(Blue)		검정(Black)
신호선(SIGN)	노랑(Yellow)		파랑(Blue)

출력값

QS-FS01 센서의 풍속 출력 방식은 전압 출력 방식, 전류 출력 방식, 펄스 출력 방식이 있다. 전압 출력 방식(Voltage Output Type)은 전압 신호(0~5V)로 측정값을 출력하며, 사용자는 명령 및 샘플 코드로 풍속 수준을 측정할 수 있다.

다음 표와 같이 0.02V의 출력 전압에서는 풍속이 0.00m/s이고, 1.0V에서 풍속은 12.09m/s다.

표 5-12 출력 전압과 풍속 관계

0.02V	0.3V	0.4V	0.5V	0.6V	0.7V	0.8V	1.0V
0.00m/s	0.00m/s	0.02m/s	2.09m/s	4.07m/s	6.15m/s	8.13m/s	12.09m/s

주의 사항

최적의 작동 조건을 유지하고 잘못된 측정값을 피하려면 다음 사항에 주의해야 한다.

- 센서는 수평으로 설치한다. 풍속이 낮은 조건에서 센서가 풍속을 정확하게 측정하도록 마운팅 베이스와 수평면 사이의 각도가 5°를 초과하지 않아야 한다.
- 윈드컵의 위치와 모양은 센서의 정확도에 영향을 줄 수 있다. 센서 구조를 손상시키거나 측정 정확도에 영향을 주지 않도록 설치할 때 윈드컵을 잡지 말아야 한다.

- 센서 구입 시 출력 방식을 확인해야 한다. 센서는 외관, 성능은 동일하지만 출력되는 인터페이스는 전압(아날로그), 전류(아날로그), 펄스 방식(RS485)으로 다르다. 사용하는 프로젝트에 맞는 인터페이스를 구입한다.

3 센서 연결하기

QS-FS01 센서는 아두이노와 3개의 선으로 연결할 수 있다. 센서는 외부의 별도 전원을 연결해서 사용하며, 센서 GND와 아두이노 GND를 연결해야 한다. 센서의 SIGN과 아두이노의 아날로그 입력 A1과 연결한다.

그림 5-29 QS-FS01 센서 연결도

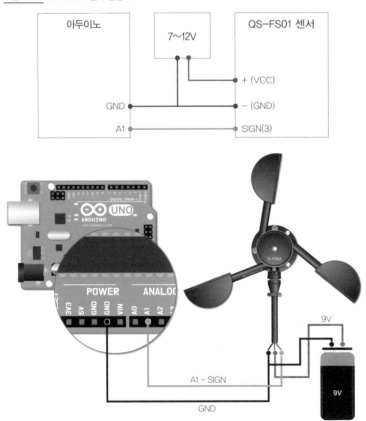

4 소프트웨어 코딩

Steamedu123_Sensor−master 〉 examples 폴더 내에 있는 예제 파일을 실행한다.

- 아두이노 파일: C504_Steam_Air_QS−FS01_WindSpeed.ino

그림 5-30 QS-FS01 예제 파일

라이브러리를 객체화하고 begin( ), read( ), display( ) 함수를 사용하여 센서를 제어할 수 있다.

그림 5-31 QS-FS01 센서 코드 설명

외부 및 내부 라이브러리
(Internal / External Libraries)

```
#include <C504_Steam_Air_QS-FS01_WindSpeed.h>
```

인스턴스
(Object Instance)

```
SteamQSFS01 qsfs01(AoutPIN);
```

초기화 구간
(Initialization section)

반복 구간
(loop section)

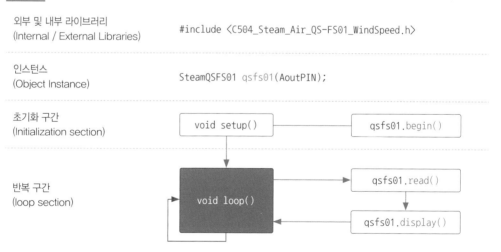

```
#include <C504_Steam_Air_QS-FS01_WindSpeed.h> // 내부 라이브러리 헤더 파일
#define AoutPIN A1

SteamQSFS01 qsfs01(AoutPIN);  // 인스턴스, 핀 번호를 입력한다.
```

```
void setup() {
  Serial.begin(57600);        // 57600bps의 속도로 시리얼 통신을 시작한다.
  qsfs01.begin();             // (1) 센서를 초기화한다.
}


void loop() {
  qsfs01.read();              // (2) 센서의 값을 측정한다.
  qsfs01.display();           // (3) 센서의 값을 출력한다.
  delay(1000);                // 1초 동안 대기한다.
}
```

5 센서 동작 확인

센서를 실행하면 다음과 같이 **아두이노-시리얼 모니터**에서 풍속 측정 수치와 상태를 확인할 수 있다. 풍속에 따라 전압이 변한다. 측정된 전압값을 m/s로 변화하여 출력한다.

그림 5-32 QS-FS01 센서 출력 화면

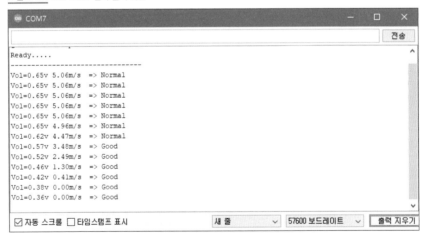

아두이노 IDE 시리얼 모니터로 센서 측정값을 출력하고, 출력값에 따라 센서의 상태를 표시한다. 기상청의 풍속 예보 4단계로 센서의 출력값을 설정하였다. 센서값은 풍속의 상태를 쉽게 알 수 있도록 4단계(좋음, 보통, 나쁨, 매우 나쁨)로 구분하여 나타냈다. 예를 들어 풍속이 1.30m/s이면 좋음(Good)이다.

표 5-13 QS-FS01 센서의 기류 4단계 표시 기준 및 상태

구분	좋음(Good)	보통(Normal)	나쁨(Bad)	매우 나쁨(Very Bad)
범위	0~4m/s 미만	4~9m/s 미만	9~14m/s 미만	14m/s 이상

참고문헌

[48] 김경환, 이승복, 우대광, 박보은, 홍승우, 배귀남, 서울 도심의 도로상 대기오염도에 미치는 풍향, 풍속 등의 영향, 한국대기환경학회 학술대회논문집, 2012

[49] 최광운, 이종태, 강우, 풍속 및 건기일수와 대기 먼지 오염량과의 상관성 분석, 대한토목학회 학술발표회 논문집, 2000

[50] 김인규, 한정대, 서영훈, 감진상, 박기혁, 태풍으로 인한 굴뚝 주변의 풍속변화가 오염물질 배출농도에 미치는 영향분석, 한국대기환경학회 학술대회논문집, 2007

[51] 기상청, 예보영어해설, https://bit.ly/3in7fQo

[52] DFROBOT SEN0170, https://bit.ly/2LXJzWE

[53] HYXC-TD24, https://bit.ly/2XQOkEc

[54] 알리익스프레스 QS-FS01, https://bit.ly/3iz3AiJ

[55] DFROBOT SKU:SEN0170, https://bit.ly/2LXoagq

[56] 알리익스프레스 HYXC-TD24, https://bit.ly/2XP00Hp

[57] QS-FS-en datasheet, "Technical parameter", p3

[58] QS-FS-en datasheet", "Line color definition", p7

6장

프로젝트

미세먼지 & 온습도 측정기

지금까지 환경 센서에 대해 설명하였다.
이번 장에서 살펴볼 간단한 프로젝트를 통해 환경 센서를
다양한 목적에 맞게 응용하여 사용할 수 있다.
실내 미세먼지 측정기를 만들 수도 있고,
날씨 스테이션을 만들어 측정할 수 있다.

601 LCD로 화면 모니터링

ARDUINO SENSORS FOR EVERYONE

1 프로젝트 시작하기

프로젝트 목적

아두이노와 16X2 LCD를 이용해 미세먼지 및 온습도를 모니터링하는 프로젝트를 진행해
보자.

프로젝트 준비하기

프로젝트를 시작하기 위해 다음과 같이 준비한다.

그림 6-1 필요한 부품 목록

아두이노 우노

16X2 LCD 키패드 쉴드

점퍼 케이블

미세먼지 센서
(PMS7003)

온습도 센서
(DHT22)

16X2 LCD 키패드 쉴드란?

16X2 LCD 키패드 쉴드를 사용하여 아두이노와 간단한 결합만으로 LCD와 키패드를 사용해 보겠다. 16X2 LCD 키패드 쉴드는 16X2 LCD + 키패드를 지원하는 쉴드다. 가로 16칸, 세로 2줄로 구성되어 글자를 표시할 수 있다.

참고로 16X2 LCD(I2C)는 모듈 뒤편에 I2C 변환 모듈이 부착되어 있어 쉽게 4핀 제어(I2C 제어)가 가능하지만, 키패드를 사용할 수 없으며, 4개의 선을 아두이노와 연결해야 한다.

그림 6-2 16X2 LCD 키패드 쉴드와 I2C LCD

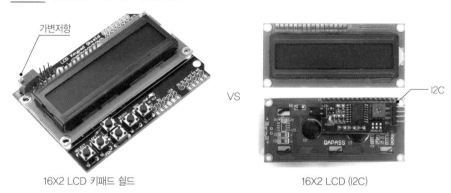

16X2 LCD 키패드 쉴드   16X2 LCD (I2C)

프로젝트 블록도

프로젝트는 센서부, 제어부, 표시부로 구성된다.

그림 6-3 LCD 프로젝트 블록도

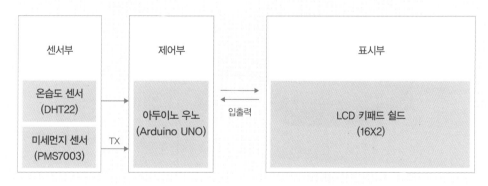

2 하드웨어 연결

온습도 센서의 OUT핀은 아두이노에 A1핀으로 연결한다. 미세먼지 센서의 TX핀은 아두이노 RX(D2)핀에 연결한다. 16X2 LCD 키패드 쉴드는 아두이노와 결합하면 된다.

16x2 LCD 키패드 쉴드는 9개의 핀을 사용한다. 4, 5, 6, 7, 8, 9번 핀으로 디지털 입출력, 10번 핀으로 LED 밝기 조절, 11번 핀으로 R/W, 그리고 키패드 아날로그 입력을 위해 A0 핀을 사용한다. 만약 LCD 화면에 글자가 나타나지 않는 문제가 발생하면, 가변저항을 시계 방향(오른쪽 방향)으로 조금씩 돌려주면 글자가 나타난다.

이번 절에서는 키패드에 대한 동작이 없기 때문에 추가 설명하지 않는다. RTC 등을 사용한 시계 기능을 추가한다면 키패드의 기능을 유용하게 사용할 수 있다.

그림 6-4 LCD 프로젝트 하드웨어 연결도

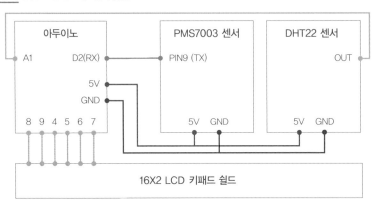

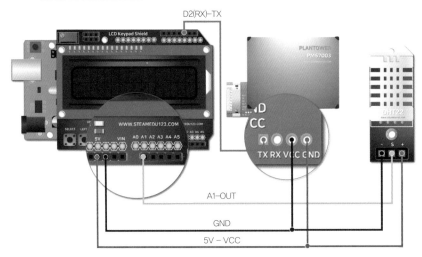

배선을 연결할 때 그림 6-4처럼 LCD 쉴드의 핀 위치에 연결할 수도 있지만, 그림 6-5처럼 아두이노 뒤쪽 부분에 배선을 연결할 수도 있다. 아두이노 후면에 필요한 핀만 연결하여 전면에 전선이 보이지 않게 할 수 있다.

그림 6-5 아두이노 후면 핀 배열

3 소프트웨어 코딩

아두이노 소프트웨어

Steamedu123_Sensor-master 〉 examples 폴더 내에 있는 예제 파일을 실행한다.

- 아두이노 파일: C601_Steam_Air_Project_LCD.ino

그림 6-6 LCD 프로젝트 예제 파일

라이브러리를 객체화하고 begin( ), read( ), display( ) 함수를 사용하여 센서를 제어할 수 있다.

그림 6-7 LCD 프로젝트 코드 설명

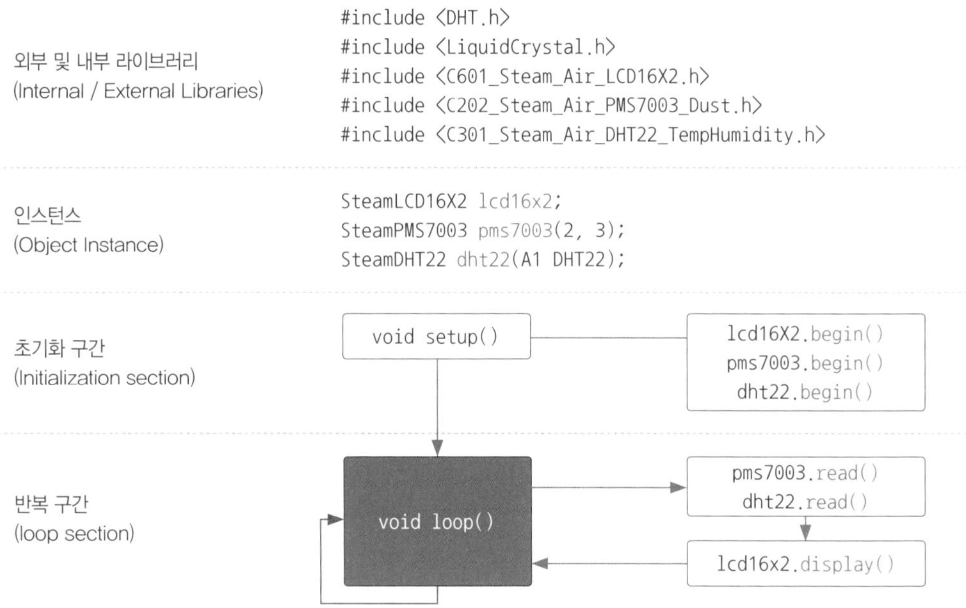

외부 및 내부 라이브러리 (Internal / External Libraries)	#include <DHT.h> #include <LiquidCrystal.h> #include <C601_Steam_Air_LCD16X2.h> #include <C202_Steam_Air_PMS7003_Dust.h> #include <C301_Steam_Air_DHT22_TempHumidity.h>
인스턴스 (Object Instance)	SteamLCD16X2 lcd16x2; SteamPMS7003 pms7003(2, 3); SteamDHT22 dht22(A1 DHT22);

초기화 구간
(Initialization section)

```
void setup()
```
```
lcd16X2.begin()
pms7003.begin()
dht22.begin()
```

반복 구간
(loop section)

```
void loop()
```
```
pms7003.read()
dht22.read()
```
```
lcd16x2.display()
```

```
#include <C601_Steam_Air_LCD16X2.h>
#include <C202_Steam_Air_PMS7003_Dust.h>
#include <C301_Steam_Air_DHT22_TempHumidity.h>


SteamLCD16X2 lcd16x2;           // 16x2 LCD 인스턴스
SteamPMS7003 pms7003(2, 3);     // 미세먼지 센서 인스턴스, Rx(D2) 핀 번호를 입력한다.
SteamDHT22 dht22(A1, DHT22);    // 온습도 센서 인스턴스,
                                // 핀 번호(A1)와 DHT22 타입을 입력한다.


void setup() {
  Serial.begin(9600);          // 9600bps의 속도로 시리얼 통신을 시작한다.

  lcd16x2.begin();             // (1) 16x2 lcd를 초기화한다.
  pms7003.begin();             // (1) 미세먼지 센서를 초기화한다.
  dht22.begin();               // (1) 온습도 센서를 초기화한다.
}
```

```
void loop() {
  pms7003.read();         // (2) 미세먼지 센서의 값을 측정한다.
  dht22.read();           // (2) 온습도 센서의 값을 측정한다.

  pms7003.display();    // (3) 시리얼 미세먼지 출력
  dht22.display();      // (3) 시리얼 온습도 출력

  // (4) lcd로 센서값을 표시한다.
  lcd16x2.display(pms7003.getPM2_5(), dht22.getTemp(), dht22.getHumidity());
}
```

4   동작 확인

센서를 실행하면 다음과 같이 LCD 화면과 **아두이노-시리얼 모니터**에서 센서 측정값을 확인할 수 있다.

그림 6-8 LCD 프로젝트 출력 화면

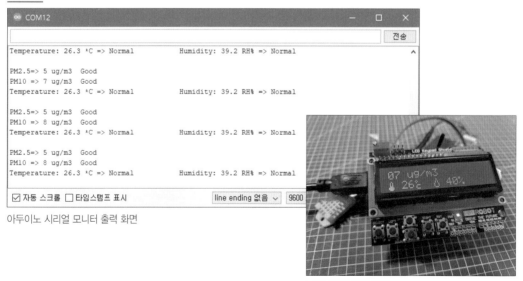

아두이노 시리얼 모니터 출력 화면

LCD 16X2 출력 화면

602 블루투스로 스마트폰 앱 모니터링

ARDUINO SENSORS FOR EVERYONE

1 프로젝트 시작하기

프로젝트 목적

아두이노와 블루투스를 이용해 미세먼지 및 온습도를 모니터링하는 데 앱 인벤터로 스마트폰 앱을 만들어 실시간 실내 공기질을 확인해 보겠다.

프로젝트 준비하기

프로젝트를 시작하기 위해 다음과 같이 준비한다. 참고로 아두이노 쉴드(V5)를 사용하면 매우 간편하게 점퍼 케이블을 연결할 수 있다(쉴드는 핀과 전원을 쉽게 연결할 수 있도록 되어 있다).

그림 6-9 필요한 부품 목록

아두이노 우노

아두이노 우노 쉴드 (V5)

점퍼 케이블

미세먼지 센서
(PMS7003)

온습도 센서
(DHT22)

블루투스 모듈
(HC-06)

HC-06 블루투스 모듈이란?

아두이노는 시리얼 통신을 사용한다. HC-06은 블루투스 무선 통신을 시리얼 통신으로 변화시켜 주는 모듈이다. 최대 10M 정도의 초단거리에서 저전력 무선 연결을 할 때 사용할 수 있다.

블루투스 통신의 가장 큰 장점은 쉽고, 범용성과 가성비가 좋다는 점이다. 블루투스 모듈은 HC-06, HC-05, JDY-18, JDY-18, BT06, CC2541, HC-42 등 다양하다. 이 프로젝트에서는 사용하는 HC-06은 블루투스 2.0을 사용하고, 4개의 핀으로 구성되어 있다.

프로젝트 블록도

프로젝트는 센서부, 제어부, 통신부로 구성되며, 블루투스 통신으로 센서값을 스마트폰에 전송한다.

그림 6-10 블루투스 프로젝트 블록도

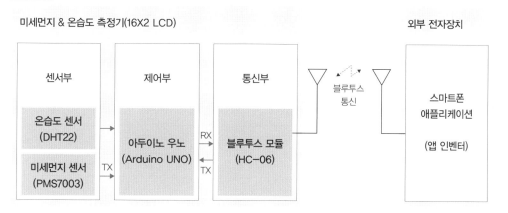

2 하드웨어 연결

블루투스는 아두이노 RX(D3), TX(D2)로 연결한다. 온도 센서의 OUT핀은 아두이노에 A1핀으로 연결한다. 미세먼지 센서의 TX핀은 아두이노 RX(D4)핀에 연결한다.

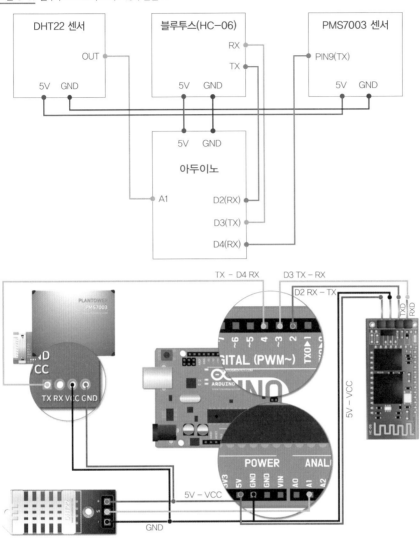

그림 6-11 블루투스 프로젝트 하드웨어 연결도

3 소프트웨어 코딩

아두이노 소프트웨어

Steamedu123_Sensor-master 〉 examples 폴더 내에 있는 예제 파일을 실행한다.

- 아두이노 파일: C602_Steam_Air_Project_HC06.ino

그림 6-12 블루투스 프로젝트 예제 파일

라이브러리를 객체화하고 begin( ), read( ), send( ) 함수를 사용하여 센서를 제어할 수 있다.

그림 6-13 블루투스 프로젝트 코드 설명

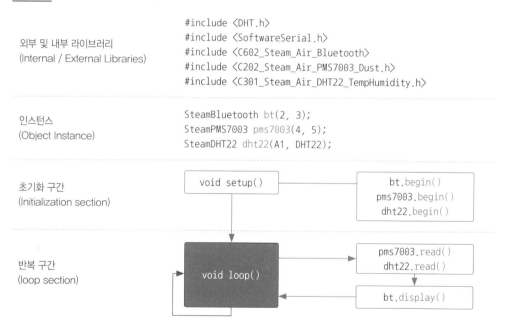

```
#include <C602_Steam_Air_Bluetooth.h>
#include <C202_Steam_Air_PMS7003_Dust.h>
#include <C301_Steam_Air_DHT22_TempHumidity.h>


SteamBluetooth bt(2, 3);        // 블루투스 Rx(2), Tx(3) 핀 번호를 입력한다.
```

```
SteamPMS7003 pms7003(4, 5);    // 미세먼지 센서 인스턴스,
                               // Rx(4), Tx(5) 핀 번호를 입력한다.
SteamDHT22 dht22(A1, DHT22);   // 온습도 센서 인스턴스,
                               // 핀 번호(A1)와 DHT22 타입을 입력한다.

void setup() {
  Serial.begin(9600);        // 9600bps의 속도로 시리얼 통신을 시작한다.

  bt.begin();                // (1) 블루투스를 초기화한다.
  pms7003.begin();           // (1) 미세먼지 센서를 초기화한다.
  dht22.begin();             // (1) 온습도 센서를 초기화한다.
}

void loop() {
  pms7003.read();            // (2) 미세먼지 센서의 값을 측정한다.
  dht22.read();              // (2) 온습도 센서의 값을 측정한다.

  // (3) 블루투스로 센서값을 전송한다.
  bt.sendBT(pms7003.getPM2_5(), dht22.getTemp(), dht22.getHumidity());
}
```

앱 인벤터

앱 인벤터에서 프로젝트 → 내 컴퓨터에서 프로젝트(.aia) 가져오기를 선택하고 C602_TEST.aia 파일을 연다. 앱 인벤터를 사용하지 않고 첨부된 apk 파일을 스마트폰에 설치한다 (앱 인벤터에 대한 자세한 설명은 생략한다).

그림 6-14 블루투스 프로젝트 앱 인벤터 프로젝트 파일

앱 인벤터의 블록도는 다음과 같다. 블루투스 연결 부분, 센서의 측정값(미세먼지, 온도, 습도)을 출력하는 부분으로 구성된다. 또한 미세먼지 값에 따라, 좋음, 보통, 나쁨, 매우 나쁨을 이미지로 표시한다.

그림 6-15 블루투스 프로젝트 앱 인벤터 블록도

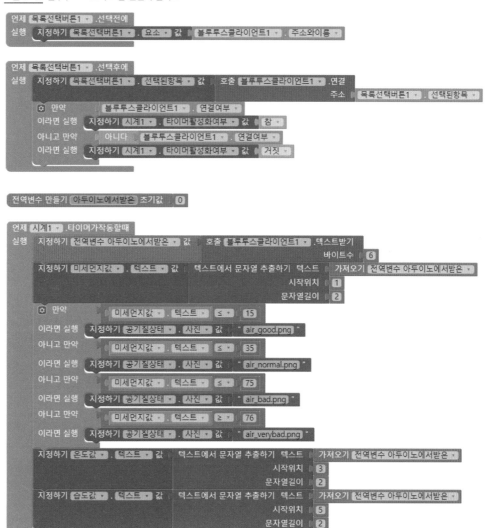

4 동작 확인

프로젝트는 센서부, 아두이노, 블루투스, 스마트폰으로 구성되며, 동작은 다음과 같다.

그림 6-16 블루투스 프로젝트 동작 블록도

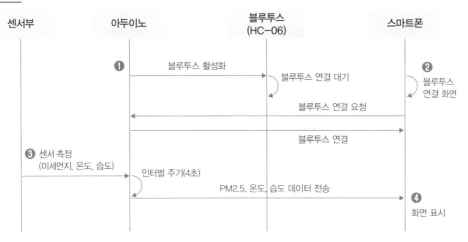

센서를 실행하고, 스마트폰 블루투스 요청을 하면 미세먼지, 온습도 센서의 측정값을 4초 주기로 스마트폰으로 전송한다. 4초는 미세먼지 측정값의 정확도를 높이기 위해 평균값을 구하기 위한 시간이다.

그림 6-17 블루투스 프로젝트 출력 화면

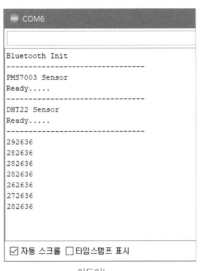

아두이노　　　　　　　　　　　　　　스마트폰

아두이노에서 전송되는 데이터는 6바이트로 구성된다. 예를 들어 292636이라면 29는 미세먼지 PM2.5, 26은 온도, 36은 습도를 의미한다.

603 Wi-Fi로 원격 모니터링

ARDUINO SENSORS FOR EVERYONE

1 프로젝트 시작하기

프로젝트 목적

아두이노와 Wi-Fi를 이용해 미세먼지 및 온습도를 모니터링해 보자. 또한, 원격에서 ThingSpeak.com을 통해 실시간 실내 공기질을 확인한다.

프로젝트 준비하기

프로젝트를 시작하기 위해 다음과 같이 준비한다.

그림 6-18 필요한 부품 목록

아두이노 우노

ESP8266 ESP01

ESP01 모듈 어댑터
보드

미세먼지 센서
(SDS011)

온습도 센서
(DHT22)

점퍼 케이블

ESP01이란?

아두이노 일반 보드에는 Wi-Fi 칩이 기본으로 내장되어 있지 않으므로 Wi-Fi 모듈을 사용해야 한다. 아두이노 Wi-Fi 모듈은 여러 가지가 있는데, 아두이노용 Wi-Fi 쉴드는 가격이 비싸다. 가장 널리 사용되는 것은 ESP8266 칩셋이며, ESP8266 칩셋으로 나온 보드는 ESP01~ESP14 모듈이 있다. ESP01은 아두이노에 연결해서 사용할 수 있는 저가의 Wi-Fi 모듈로 TCP/IP 프로토콜을 내장하고 있는 단일칩 시스템(SOC)이다. WiFi-Serial 간 인터페이스가 가능하다. ESP01의 일부 제품은 시리얼의 AT 명령어가 동작되지 않아 추가로 펌웨어를 업로드하는 과정이 필요하므로, 처음부터 펌웨어가 업데이트되어 있는 제품을 구입해야 한다[1].

[ESP01 동작 확인]

ESP01을 사용하기 전에 정상적으로 AT 명령어가 동작되는지 반드시 확인해야 한다. 연결은 다음과 같다.

그림 6-19 ESP01 연결도

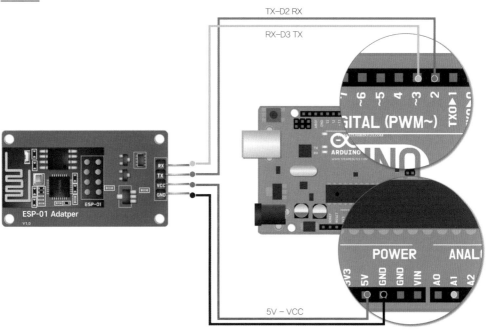

1 SerialTest.ino를 아두이노에 업로드한 후 "AT+UART_DEF=9600,8,1,0,0" 명령을 사용하여 ESP01의 통신 속도를 9600으로 변경한다. 아두이노의 시리얼 통신은 9600bps를 사용하는데, ESP01의 기본 통신 속도는 115200bps로 설정되어 있다. 정상적인 동작을 위해 기본 통신 속도를 9600로 변경한다.

2 통신 속도를 변경한 후 시리얼 모니터의 보드레이트는 '9600', 라인 엔딩 옵션은 Both NL & CR로 바꾼다.

3 ESP01이 정상 동작하는지 AT+CWLAP 명령으로 주위의 Wi-Fi 목록을 검색한다.

그림 6-20 통신 속도 변경 및 Wi-Fi 주변 검색

통신 속도 변경 명령어 : AT+UART_DEF=9600,8,1,0,0   Wi-Fi 목록을 찾는 명령 : AT+CWLAP

4 정상적으로 AT 명령이 된다면, 집에서 사용 중인 Wi-Fi의 SSID와 패스워드를 BasicTest.ino에서 변경한다(SSID와 패스워드는 공유기의 이름과 비밀번호다). 만약 비밀번호가 없다면 설정하지 않아도 된다. 코드 수정 후 아두이노로 업로드하여 ESP01이 정상적으로 동작하는지 다음과 같이 확인한다.

그림 6-21 ESP01 정상 동작 화면

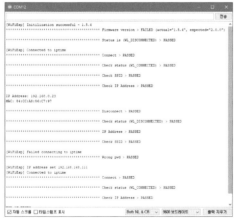

정상적으로 동작하면 문제가 없지만, "[WiFiEsp] 〉〉〉 TIMEOUT 〉〉〉" 에러가 발생하는 경우가 있다. 9600으로 보드레이트가 설정되어 있는지 확인해야 한다.

프로젝트 블록도

프로젝트는 센서부, 제어부, 통신부로 구성된다. Wi-Fi 통신을 통해 외부에서 센서값을 실시간으로 확인할 수 있다.

그림 6-22 Wi-Fi 프로젝트 블록도

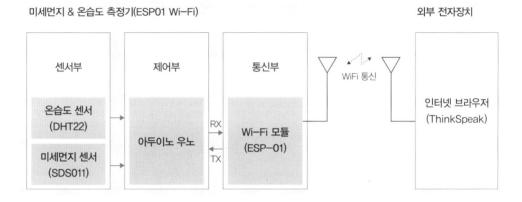

2 하드웨어 연결

ESP01은 전원 및 데이터 통신할 때 3.3V를 사용하기 때문에 아두이노와 사용 시 주의가 필요하다. 이 문제를 간편하게 해결하려면 ESP01 어댑터를 사용하면 된다. 어댑터는 4개 선 (VCC, GND, RX, TX)으로 구성되어 있다.

ESP01 어댑터의 RX, TX는 D2, D3핀에 연결한다. 온습도 센서의 OUT핀은 아두이노에 A1핀으로 연결한다. 미세먼지 센서 TX는 아두이노 RX(D4)핀에 연결한다. ESP01은 시리얼 통신을 사용하며, PMS7003과 같이 시리얼 통신을 사용하는 미세먼지 센서를 사용하면, 통신에 간섭이 발생해 정상적인 동작이 안 된다. 따라서 시리얼 통신 외 PWM 통신을 제공하는 SDS011 센서를 연결한다.

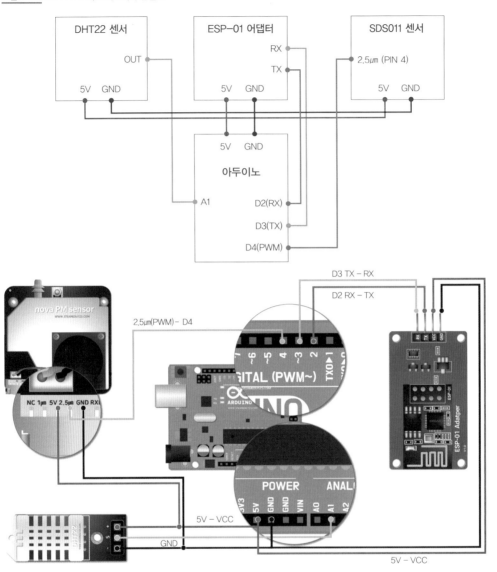

그림 6-23 Wi-Fi 프로젝트 하드웨어 연결도

소프트웨어 코딩

Steamedu123_Sensor-master 〉 examples 폴더 내에 있는 예제 파일을 실행한다.

- 아두이노 파일: C603_Steam_Air_Project_WIFI.ino

그림 6-24 Wi-Fi 프로젝트 예제 파일

라이브러리를 객체화하고 begin( ), read( ), send( ) 함수를 사용하여 센서를 제어할 수 있다.

그림 6-25 Wi-Fi 프로젝트 코드 설명

외부 및 내부 라이브러리
(Internal / External Libraries)
	```#include <DHT.h>```
	```#include <SoftwareSerial.h>```
	```#include <C603_Steam_Air_ESP01.h>```
	```#include <C301_Steam_Air_DHT22_TempHumidity.h>```
	```#include <C205_Steam_Air_NovaSDS011_Dust_PWM.h>```

인스턴스
(Object Instance)
	```SteamESP01 esp01(2, 3);```
	```SteamDHT22 dht22(A1, DHT22);```
	```SteamNovaSDS011PWM novasds011(4, 5);```

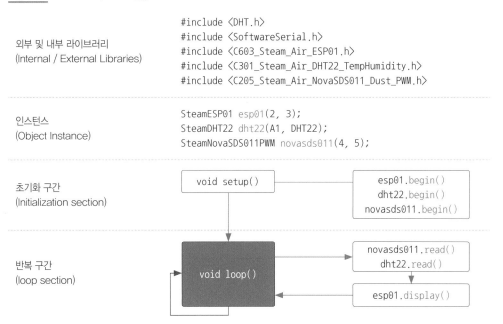

초기화 구간
(Initialization section)

반복 구간
(loop section)

```
#include <C603_Steam_Air_ESP01.h>
#include <C301_Steam_Air_DHT22_TempHumidity.h>
#include <C205_Steam_Air_NovaSDS011_Dust_PWM.h>

SteamESP01 esp01(2, 3);        // RX/TX 설정, esp01 객체 생성
SteamDHT22 dht22(A1, DHT22);   // 온습도 센서 인스턴스,
                               // 핀 번호(A1)와 DHT22 타입을 입력한다.
SteamNovaSDS011PWM novasds011(4, 5); // pm2.5, pm1

String ssid = "iptime";               // 집에서 사용하는 Wi-Fi 공유기 이름(SSID)
String pass = "12345678";             // 집에서 사용하는 Wi-Fi 비밀번호
String apiKey = "XJ61RWFSL00JEDTG";   // thingspeak.com 채널의
                                      // Write API key 입력
const long interval = 4000;           // thingspeak.com으로 센서값 전송 주기, 4초

void setup() {
  Serial.begin(9600);        // 소프트웨어 시리얼 시작

  esp01.begin(ssid, pass, apiKey); // Wi-Fi를 초기화한다.
  dht22.begin();             // 온습도 센서를 초기화한다.
  novasds011.begin();        // 미세먼지 센서를 초기화한다.
}

void loop() {
  novasds011.read();         // 센서의 값을 측정한다.
  dht22.read();              // 온습도 센서의 값을 측정한다.

  esp01.sendData(novasds011.getPM2_5(), dht22.getTemp(), dht22.getHumidity());
}
```

인터넷에서 미세먼지, 온습도를 확인하기 위해 Thingspeak.com 사이트를 활용한다. Thingspeak.com 사이트는 MATLAB이라는 소프트웨어로 유명한 MathWorks사에서 제공하는 사물인터넷용 웹서버이고, 무료로 측정 채널을 제공한다.

Thingspeak을 활용하여 사물인터넷을 만들려면 반드시 무료 회원으로 가입하여 API를 부여받아야 한다. 소스를 아두이노에 업로드하기 전 반드시 소스 코드에서 ssid, pass, apiKey의 값을 사용환경에 맞게 수정해야 한다. ssid, pass는 당신이 사용하고 있는 Wi-Fi의 이름, 비밀번호이고, apiKey는 thingspeak의 채널에서 API Keys를 의미한다.

그림 6-26 Wi-Fi 프로젝트 ssid, pass, apiKey

4 동작 확인

아두이노를 실행하면 미세먼지, 온습도 센서의 측정값을 4초 주기로 Thingspeak.com으로 전송한다. 전송 주기를 바꾸고 싶다면 interval 값을 변경하면 된다.

그림 6-27 Wi-Fi 프로젝트 출력 화면

참고문헌

[1] Devicemart, [SMG] ESP8266 시리얼 와이파이 모듈 ESP-01 (DIP) [SZH-EK051], https://bit.ly/3c5hKH6

604 RF 통신으로 원격 모니터링

ARDUINO SENSORS FOR EVERYONE

1 프로젝트 시작하기

프로젝트 목적

아두이노와 nRF24L01를 이용해 미세먼지 및 온도/습도/기압을 원격 모니터링해 보자.

프로젝트 준비하기

프로젝트를 시작하기 위해 다음과 같이 준비한다. RF 통신을 위해 나노+RF(nRF24L01) 보드를 사용한다.

그림 6-28 필요한 부품 목록

아두이노 나노 + RF

아두이노 나노 쉴드

점퍼 케이블

미세먼지 센서
(PMS7003)

온도/습도/기압 센서
(BME280)

OLED 1.3
(128x64 Pixel)

nRF24L01 모듈이란?

RF, 즉 Radio Frequency를 직역하면 무선 주파수다. Wi-Fi, 블루투스, RF 통신(NRF24L01) 등이 있으며 모두 2.4Ghz의 통신 주파수를 사용한다. 2.4Ghz 통신은 상대적으로 원격에서도 서로 통신이 가능하고 높은 주파수로 인해 수신 감도가 좋다. NRF24L01은 모듈 스펙상 통신거리는 개방된 공간에서 1km이며, 최대 6개까지 동시 통신이 가능하다.

그림 6-29 nRF24L01 모듈

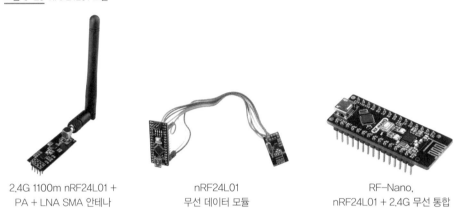

2.4G 1100m nRF24L01 +
PA + LNA SMA 안테나

nRF24L01
무선 데이터 모듈

RF-Nano,
nRF24L01 + 2.4G 무선 통합

프로젝트 블록도

이 프로젝트는 아두이노 나노+RF 보드의 통신부를 기준으로 송신부와 수신부로 나뉜다. 송신부는 온도, 습도, 기압, 미세먼지를 측정하여 전송한다. 수신부는 원격에서 측정된 센서값을 OLED에 표시한다.

그림 6-30 RF 프로젝트 블록도

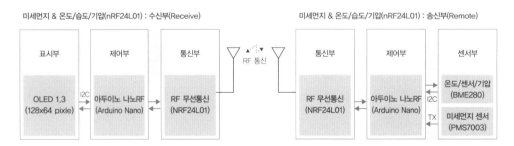

수신부의 OLED는 I2C 통신을 하며 SDA, SCL을 연결한다.

그림 6-31 수신부 하드웨어 연결도

#1 아두이노(수신부)

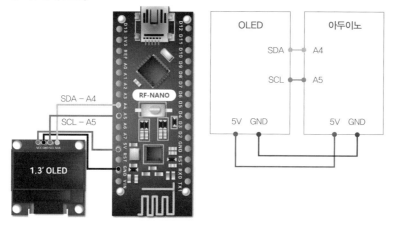

송신부의 온도/습도/기압 센서인 BME280은 아두이노와 I2C로 연결한다. 미세먼지 센서 PMS7003은 TX를 아두이노와 연결한다.

그림 6-32 RF 프로젝트 블록도 송신부 하드웨어 연결도

#2 아두이노(송신부)

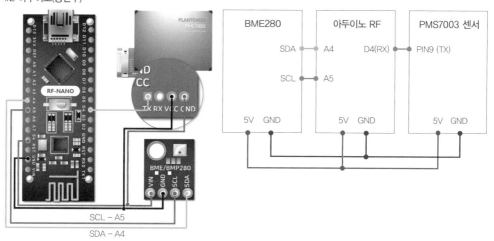

3 소프트웨어 코딩

아두이노 소프트웨어

Steamedu123_Sensor-master 〉 examples 폴더 내에 있는 예제 파일을 실행한다.

- 아두이노 파일: C604_Steam_Air_Project_NRF24L01Indoor.ino
  C604_Steam_Air_Project_NRF24L01Remote.ino

그림 6-33 RF 프로젝트 예제 파일

수신부 소스 코드

라이브러리를 객체화하고, begin(), read(), receive() 함수를 사용하여 센서를 제어할 수 있다. rf.receive() 함수는 RF 통신으로 전송된 센서 데이터 값을 수신하며, oled.display를 이용해 화면에 센서값을 표시한다.

```
#include <C602_Steam_Air_NRF24L01.h>
#include <C602_Steam_Air_OLED.h>
```

```
SteamNRF24L01 rf;
SteamOLED oled;

void setup() {
  Serial.begin(9600);      // 9600bps의 속도로 시리얼 통신을 시작한다.
  rf.begin();              // rf 초기화한다.
  Serial.println("Listening...");  // 데이터 수신 대기
}

void loop() {
  rf.receive();            // 센서 데이터를 수신한다.

  // OLED에 센서 데이터를 출력한다.
  oled.display(rf.getPm(), rf.getTemp(), rf.getHumi(), rf.getPa());
}
```

송신부 아두이노 소스 코드

라이브러리를 객체화하고 begin( ), read( ), send( ) 함수를 사용하여 센서를 제어할 수 있다. rf.send 함수를 이용해 미세먼지, 온도, 습도, 기압 센서값을 RF 통신으로 전송할 수 있다.

```
#include <C602_Steam_Air_NRF24L01.h>
#include <C202_Steam_Air_PMS7003_Dust.h>
#include <C501_Steam_Air_BME280_hPa.h>

SteamPMS7003 pms7003(4, 5);   // 미세먼지 센서 인스턴스,
                              // Rx(4), Tx(5) 핀 번호를 입력한다.
SteamBME280 bme280;
SteamNRF24L01 rf;

byte value[4];
```

```
void setup() {
  Serial.begin(9600);      // 9600bps의 속도로 시리얼 통신을 시작한다.

  pms7003.begin();         // 미세먼지 센서를 초기화한다.
  bme280.begin();          // 온도/습도/기압 센서를 초기화한다.
  rf.begin();
}

void loop() {

  bme280.read();   // 온도/습도/기압을 측정한다.
  pms7003.read();  // 미세먼지를 측정한다.

  // 미세먼지, 온도/습도/기압 데이터를 수신부 아두이노에 전송한다.
  rf.send(pms7003.getPM2_5(), bme280.getTemp(), bme280.getHumidity(),
bme280.gethPa());
}
```

4 동작 확인

센서를 실행하면 수신부는 송신부로부터 수신된 미세먼지, 온도, 습도, 기압의 측정값을 OLED에 출력한다. 물론 수신부에 미세먼지, 온도, 습도 등의 센서를 연결해서 수신부, 송신부 각각의 센서를 측정하고 모두 표시할 수 있다. 하지만 이번 절에서는 RF로 센서의 측정값을 원격으로 전송하고 수신한 값을 표시하는 데 목적이 있다.

그림 6-34 RF 프로젝트 출력 화면

아두이노(수신부)

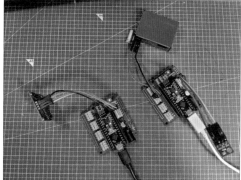

아두이노(수신부, 송신부)

다음과 같이 **아두이노-시리얼 모니터**에서도 아두이노(실내)와 아두이노(원격)의 출력값을 확인할 수 있다.

그림 6-35 시리얼 모니터 출력 화면

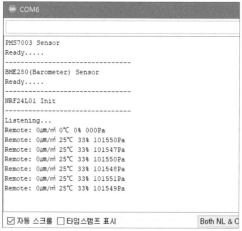

#1 아두이노(수신부)

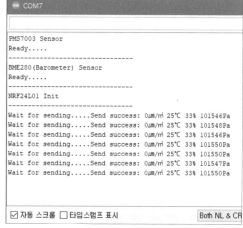

#2 아두이노(송신부)

찾아보기